本性相見歡

03

修學人生 吃飯開始

禪和尚 本性 著

目錄

我的僧涯，該留下點什麼？〈代序〉

《佛說四十二章經》的第一章有語：「辭親出家，識心達本，解無為法，名曰沙門。」明朝憨山大師在《夢遊集》中，引用了該語，直指做為出家沙門，離欲為第一行。認為，如心醉五欲，便無法出離。那樣，便是外欺其人，內欺其心。這教示很震撼我。

比丘本性，一九六五年出生，一九八五年剃度。由於根機淺薄，悲智難運，福德難俱，一直在學修的路上，進退失據。由於常駐過一些叢林、院校，有些同參與同學，知道他們學修日進，左右逢源，我是相當的羨慕，同時，也非常的汗顏。為此，我每天於晨起立願，發下當天與未來之誓，自我加持，祈諸佛菩薩加被；更於入睡前省思，反省、自省、慚愧、懺悔當天與過往的過錯。

本人恩師明暘長老，生前對本人有兩大期許，一是期望本人做個悲天憫人的僧人，二是期望本人做個解行並進的僧人。一直以來，比丘本性以此做為僧涯座右銘。

諸法因緣生，諸法因緣滅，我師大沙門，常作如是說。本性自知，於大千世界，萬象人間，自己只是一隻螞蟻，或一隻蜜蜂，或一隻飛蛾。緣木過河，向花而去，甚至赴火。生命瞬息，而且渺小。只是，我也很欣慰，乃至很知足。畢竟，如蟻，努力著，冒險著；如蜂，追求著，夢想著；如蛾，奉獻著，犧牲著。

佛陀說，如是因生如是果。無論聖賢還是愚夫，走過就有足跡，做過就有痕跡。平凡如我，我的僧涯該留下點什麼？我是一個僧人，我是一介書生，依著我的本業，我的本份，我想著，我或許還可以留下一些文字，記錄這個時代的僧人，記敘這個時代的自己。

比如，我自己，我的出家，我為沙門，我為了什麼？想做些什麼？自己總結一下，就是：倡導心靈非暴力；致力以佛心導正人心，回歸信仰，以佛道輔正世道，重建道德；弘揚慈悲、智慧、忍讓、包容、自省、懺悔、中道、圓融、和合、共生；專注心靈修證、心靈文化、心靈教育、心靈慈善；宗於中華禪；踐行南北傳佛教交融，東西方文明對話；促進重返佛教軸心時代，再現佛陀榮耀時光；推動全球倫理構建；實現苦難的拯救，煩惱的解脫。

為此，剃度以來，教務之餘，延續出家前的愛好與習慣，喜歡讀些書與寫些文章。雖然，這些拙作的思想與水平，連我自己都不敢恭維。可是，因緣所在，性情所致，所以，也就有慚有愧，卻無怨無悔，陸陸續續，將之輯錄於此，做為本人感恩、敬畏、自省、結緣之人生的一個部分，不求與舍利同輝，不惜與書本同塵。

比丘本性

序於福州芝山開元寺靈山堂

輯壹

修身與修心

01

人生兩點一線

佛教講輪回，因此，人生的起點便是終點，終點便是起點。無論終點與起點如何，終將重疊，我稱之原點，是我們既出發又回返的地方。

雖然終點與起點都是原點，但之間是有距離的。有距離便有過程，有過程便有故事，有故事便有生住異滅、生老病死、財色名位、愛恨情仇。

儘管人生只是原點，但我們還是應該設定好起點與終點。在這，起點是起點，終點是終點，這事關人生的高度與方向。

如果我們設起點於沼澤，不僅出離困難，甚至可能全身沉沒於污泥濁水。如果我們沒有正確方向的終點，我們可能不知往哪個方位邁開腳步。

因此，對於迷茫而沒有方向感的人生而言，預定人生的兩點一線是很重要的。有了這兩點一線，我們的出發與回歸，便會遵循大致的既定道路，便不會出現太大的方向偏差。否則，

你要上南極，卻跑到了北極。

對人生而言，既應設定起點與終點，那這起點就應堅固；終點就應高遠。萬丈高樓平地起，基礎要牢靠。取法乎上，得之乎中；取法乎中，得之乎下；如果取法乎下，那得到只能是在地上爬了。就如世界首富，如果只為錢，他現在有錢了，接著怎麼辦？很顯然，錢只是他人生通向終點中的一個階段。所以，他即便老了，也還另有所求。否則，便會以錢為武器，胡作非為。因為，百年之後，他一分也帶不走，誰都會對此心有不甘。也因此，必揮霍之而後快。

佛教的起點，在這堅實的人間；其終點，在遙遠的或者異業的淨土。起點與終點是一條輪回的長路，是一條從惡轉善、從迷轉悟、從凡轉聖的大道。在這裡，起點是入世的，終點是出世的；起點是物質的，終點是精神的；起點是俗世間的規則、習慣，終點是脫離世間的倫理、道德乃至普世價值觀與真理。

在有些國家有國王，還有僧王。世俗權力之王要禮敬宗教之王，因為僧王象徵著出世間的倫理、道德、精神。如果說，天地人是合一的，那麼，他代表著天的部分。世俗權力膨脹了，誰去制約？除了法制、機制等外，只有心靈、信仰，即出世間真理的力量。有如某些歐美國家設有總統，還信奉教皇，甚至教皇之上的上帝。總統的就職宣誓，除了對選民，再就是對上帝。選民的選票制約著總統的胡作非為，但上帝更是制約著他的心靈與信仰，從而間接制約著他的權力。

我非國王，亦非僧王。

我非總統，亦非上帝。

我的起點是起點，我的終點是終點，但無論如何，我的起點與終點終將重疊，亦即，我謂之的原點。

鐵佛

02

喚醒心靈的主人

我樂水，更樂山。

時常站在山水的邊緣，我想著歲月的流逝，好想弄明白，什麼是時間的本質。

或許，時間無色無味，無邊無際，猶如法性，它的量化只是人為。

所以，我想，要明瞭時間就需用心，以心靈去感受，去感應。

我們多是一介凡夫，我們的心靈也曾充斥著五毒——貪、嗔、痴、慢、疑。為此，我們無法準確、清晰地反應、呈現出心靈的真實圖景。心靈的五毒，直接的結果便是心靈五窗的蒙昧。眼、耳、鼻、舌、身沒有正確的、清淨的導向，由此，狂亂地追逐色、聲、香、味、觸。我們的世界，五濁惡世，由斯而來。

《本生心地觀經》觀心品說：「三界之中，以心為主，能觀心者，究竟解脫。」

心靈是有其主人的。當我們的心充斥五毒時，這本是清明的主人便矇昧著進入迷惑狀態。

禪法的修煉，其中一大奧妙，就是要喚醒心靈的主人。

喚醒心主，我想，禪家啟示我們許多的途徑：

轉煩惱心為清淨心；轉冷酷心為柔軟心；轉麻木心為慈悲心；轉流散心為專注心；轉躁動心為寂靜心；轉昏沉心為清明心；轉混亂心為調和心；轉迷惑心為覺醒心。尤其是，轉身心靈不平衡的心為平衡的心，轉身心靈分離的心為合一的心。

心是有無限潛力與力量的，但當它被喚醒的時候，喚醒心主，有此途徑，但更要手段。

南傳原始佛教中，守住呼吸，這是禪家專注心靈聖境的殺手鐧。在守住呼吸的舞臺裡，演員們往往有十八般武藝。

而在北傳大乘佛教中，看住話頭，則是截斷煩惱眾流的祕笈，不少凡夫據此超凡入聖，成佛作祖。

而專注止觀，則是南北傳佛教都在通用的武器，佛教悲智的源泉因此而噴湧。

而今，我還是凡夫，我的心靈客廳沒有主人，他還在沉睡於臥室，迷惑他人，也迷惑自己。

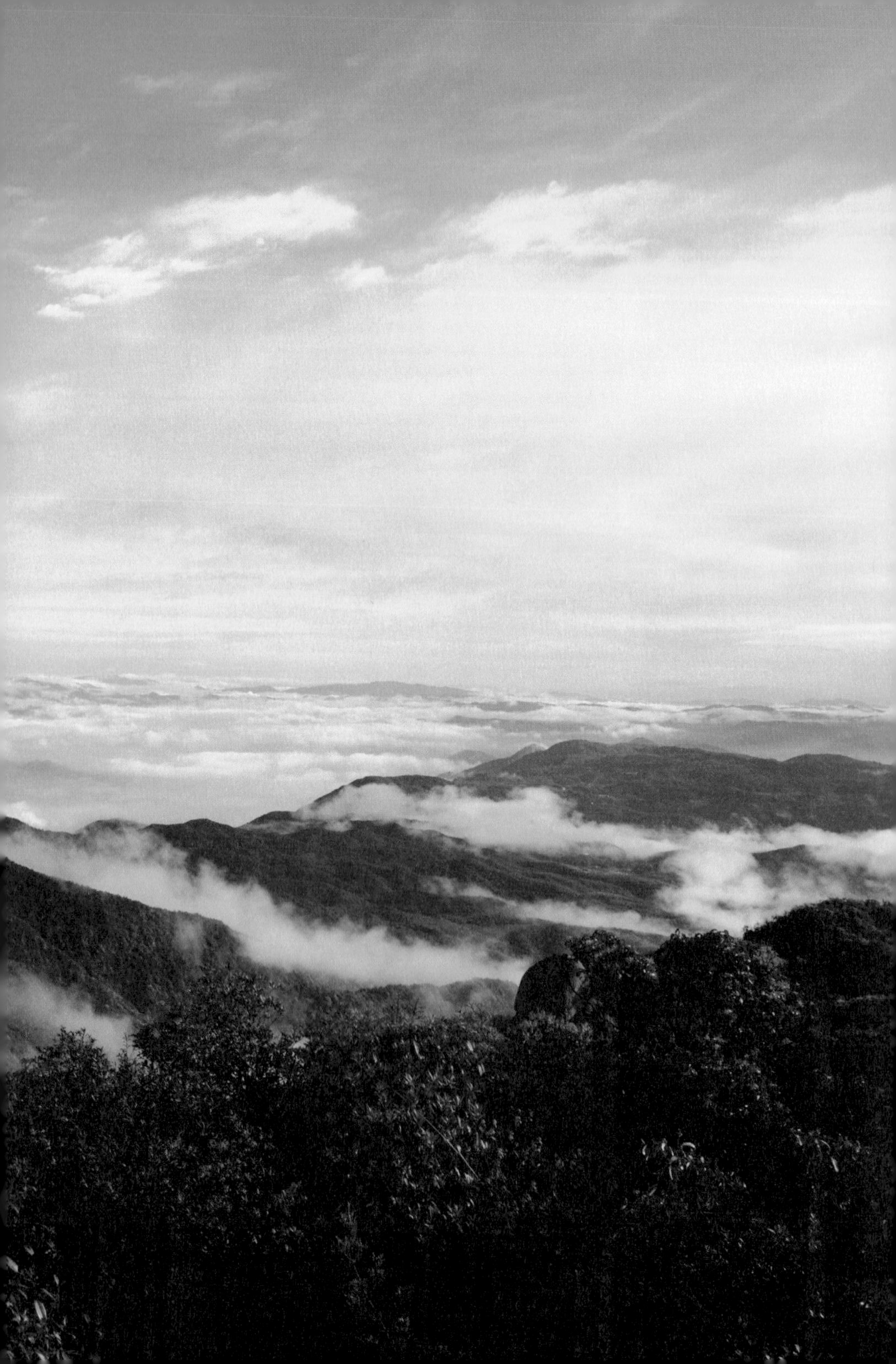

時間無邊無際，無色無味，卻在不息地流逝。時間的本質要靠心靈去感知，去感悟。

但我想，當我們把心靈與時間修煉成一體時，我們就找尋到了時間的本質與喚醒了心靈的主人。

03

二十一世紀心靈運動

「有王者興，必來取法；雖聖人起，不易吾言。」邑之名賢嚴復先生故居廳堂中有此副對聯。

二千五百年前，靈山之上，釋迦拈花，迦葉微笑，從此，一種新的文明誕生了。時空的車輪滾滾向前，一轉，便到了二十一世紀的世界東方。

隨著中華傳統文化的復甦，中華民族國運的復興，中華禪的傳承與發展也抵近了一種新的境界——中華新禪學呼之欲出。

新的世紀，新的時代，我們需要新禪學，我們呼喚新禪學。禪本來就有，永遠在這，在那。其自性歷久彌新，始終堅守著生命力的最前沿。但禪學是禪與時空的交融產物，為了隨順時空的因緣，為了對機，為了濟世，為了渡生，需要創新，需要創意，需要添加新的營養、新的元素、新的生命。

六祖慧能述《壇經》，完成印度禪學的理論中華化，懷海禪師制《百丈清規》，完成其組織、制度的中華化。這些皆是很有說服力的歷史例證。

二十一世紀是個讓人敬畏，而且無限神祕的宇宙新時節，科技文明的突飛猛進，甚至泛濫，造就了各式能量與力量的強勁全球化。人類一時無從適應，無所適從。心無處安頓，靈無所寄託，這是一個心靈飄泊的、虛無的、迷惘的時代。佛教說，對機者是。靈山心靈之禪非常相契地對應著、對治著這個莽荒的心靈麻木甚至死亡的時代。

《楞嚴經》說：「汝之心靈，一切明了。」心靈禪直承靈山釋迦，嵩山達摩，南華慧能，龍泉懷海，乃禪源正祖脈，代有妙傳承。究其法門，非漸非頓，漸者漸之，頓者頓之，非漸非頓者，非漸非頓之。其本質是：生命的活力與自在、心靈的寧靜與自由，為了建立心靈的桃花源、生命的理想國。

宗於中華禪，推動靈山心靈之禪，比丘本性謂之「二十一世紀心靈運動」，亦為本人所提「二十一世紀禪文明」概念的重要內容之一，將稟承著「南北交融、人間佛教、東西對話」的傳承和發展道路，遵循慈悲、包容、懺悔、自省、中道、圓融、和平、非暴力的原則，立足中華文化圈區域，面向不同文明的四大洋五大州。

秉承「諸惡莫作，眾善奉行，自淨其意，趣向解脫」之本懷；專注於心靈文化、心靈教育、心靈慈善、心靈修證，以佛心為己心，淨化人心；以佛志為己志，淨化人間；以佛心導正人心，回歸信仰；以佛道輔正世道，重建道德。這一直是比丘本性出家的初心與今後的心志。

《六祖壇經》說：「識自本心，見自本性，即名丈夫、天人師、佛。」為此，我堅信，識自本心，就有佛教在；見自本性，便有禪法在。

04

六根的妙用

我說：你六根不淨。

這是我在譴責你身口意不清淨。那麼，六根具體指什麼？

六根：眼、耳、鼻、舌、身、意。

在佛教，六根對應六塵或謂六境。

六塵：色、聲、香、味、觸、法。

存在必有存在的道理。

六根的存在有其依據，更有其妙用。

眼：眼觀六路。用來認清善惡、正邪；用來認清真理與謬誤、淨土與地獄；用來認清來去的路。有了眼睛，卻是非不分、好壞不分，那麼，不如沒有眼睛，作個瞎子。

耳：耳聽八方。用來兼聽上下左右前後內外，哪裡來的都要入耳，這樣，才不會偏聽。

有人不僅偏聽，甚至拒聽。或者，左耳聽右耳出。那麼，留耳何用？何況還是雙耳。

鼻：鼻嗅眾香。鼻孔朝下，為了讓你嗅土地的芬芳，要腳踏實地。有人鼻孔朝天，一時可以，久了會很辛苦，下點雨，還會跑進鼻孔，多難受。鼻也可以嗅眾臭，不都為香而來。只能聞香無法聞臭，那何必生有兩個孔？聞香聞臭沒關係，但要香臭分得清。

舌：舌燦蓮花。用來講經說法的，用來贊美的，不是用來說廢話罵人的，更不是用來挑撥離間、惡毒攻擊的。我們有口有舌，不去誦經念佛持咒，不去教導人勸解人，那麼，口舌何用？難道要等到口舌不靈時才後悔嗎？

身：身體力行。人生難得，此身也就難得，既得此生此身，當然要珍惜，使其恰得其用。有人用身去造殺盜淫的惡業，有人用身去做好事。誰用得好，不說自明。有人很懶，很懈怠，身強力壯，不去做善事。這樣，有身何用？這樣的身，只是殭屍而已。

意：意字開頭的成語很多很美。如：意味深長、意往神馳、意氣風發、意滿志得，乃至意在筆先、意在言外。這麼多意，而有人偏偏是意馬心猿，乃至居心叵測。其意不僅亂，而且凶險，直至罪惡。他們不修戒定慧，不滅貪嗔痴，起意動念，莫不自私自利害人害己。如此一意孤行，豈能不成為地獄種子？

意在六根中，排在最後，這說明意最有份量。因為，在佛教，末後先行嘛。學佛，我們要懺悔己意，要清淨己意。意得懺悔，意得清淨了，那麼，眼、耳、鼻、舌、身也就跟著無染了。

在佛教的佛像開光儀軌中，有這樣句子：

開眼光，眼垂普視周沙界。
開耳光，耳聞拔苦與樂聲。
開鼻光，鼻嗅眾香垂教化。
開舌光，舌闡妙音度群生。
開身光，身現妙相百千億。
開意光，意覆慈悲如大雲。

這些，也都是六根的妙用啊。

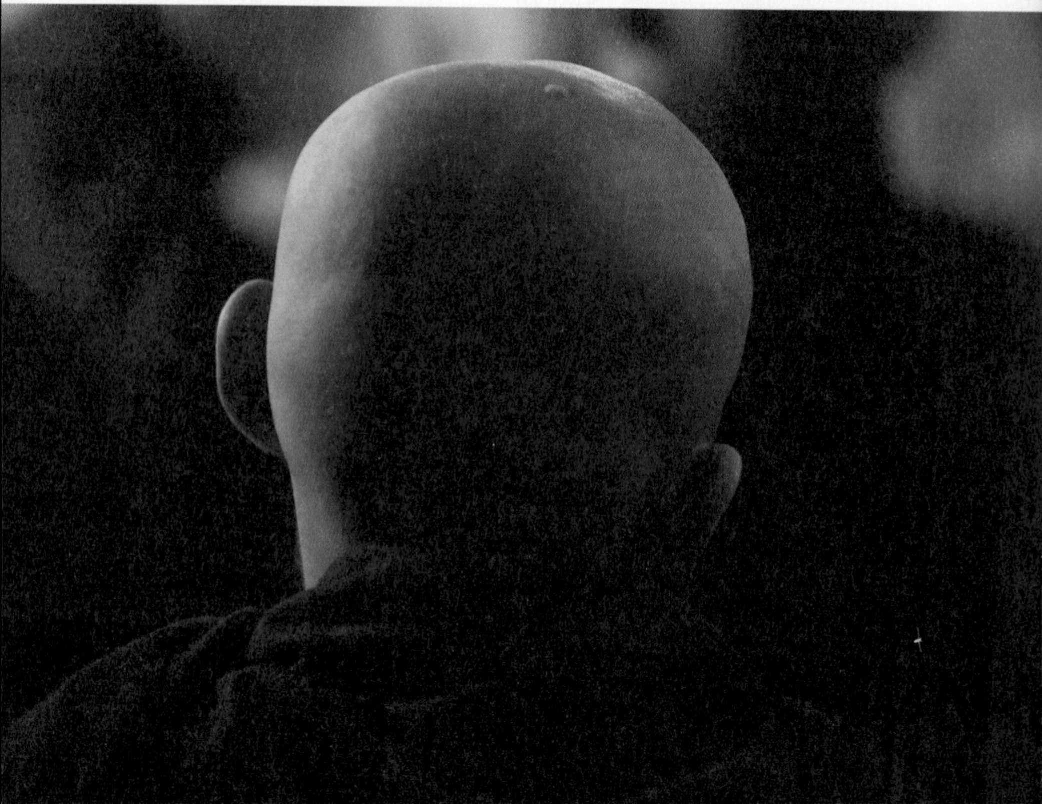

05

走訪「三院一場」有感

學佛人有四個地方一定要去走一走，感受一下。那就是：瘋人院、老人院、醫院、火葬場。

二〇〇九年之春，特抽空專程就近走訪了「三院一場」。

首先，是某瘋人院。進入那裡，你會馬上體悟到佛法中所說的什麼是無明，什麼是愚痴。眾生於此，失去了起碼的理性與智慧。當然，特殊著裝下的他們與其他眾生一樣佛性隨身，但惡業也隨身了。他們很可憐，不該畏懼的他們畏懼，不該迷戀的他們迷戀，沒有理由地做出種種異端的行為。他們也不認識了曾經認識的親人恩人或所謂的仇人。至於分別，他們真的沒有了嗎？其實不是，他們的喜怒哀樂及種種好惡行為的不時產生便是明證。出此院門之際，我感到院外的空氣真舒暢，天也真藍。但一想，院外的所謂的理性與智慧之人，在許多方面，不也同院內之人一樣嗎？只是表現的方式不一樣而已。看來，瘋及瘋態之於人，雖非本質，但卻是共性。

其次，我走了老人院，自己住持的寺院創辦的，四十多位老人家，多是七十多八十多歲的，多已行走不便，個別還是病臥在床。想其青春年少時，也同大街上的風華少年一般。而今，齒疏皮皺髮白，龍鍾老態，風燭殘年，「老」之一字，在此凸顯得如何了得。想想自己也會如此，就在不遠的明天，而你們也一樣。

再是，走了某醫院。從醫院掛號廳到急診部又至住院部，朋友還特別帶我看看平時做手術的地方。醫院與病人是孿生姐妹。這裡，有的是病態的臉、病態的表情。他們憂慮、悲傷、痛苦、恐懼、失望乃至絕望。白衣的醫生與護士就像生命之神，晃悠著，或僥倖救你生，或

無奈地看你死。進入這裡的，印象中應是老人多，但實際上，是年輕力壯的人多，小孩也不少，似乎老年人還不是占多數的。到了這，我們才會明白為什麼人們說：平安是福；健康是福；財色名利買不到健康。怪不得古人認為「無疾而終」是一種幸福、自在與境界。說實在，我不希望大家需要到醫院，但希望大家知道裡面都發生些什麼。

最後，我走訪了某火葬場。以前，我很怕到這些地

方。如今，不怕了。幾十年來，我親眼見證了許多人被送到這類地方，有尊敬的師長，有鄉親、同學、朋友、同修、信徒。見多了，就不怕了。見多了，就習以為常了。火葬場的工人還帶我看焚燒屍體的地方，為屍體化妝美容的地方。想想，多少帥哥美女，終有一天，要被塞到那裡邊去，要被抬到那上面去。就說被抬到那上面去的吧，身體冰冷冷的，顏面黑紫紫的，化妝師在盡心地美容著，但怎麼也看不到被化妝者擠出一點溫暖而紅潤的表情來。再想想，今天，我們生者，他們或她們，此刻正躺在哪家美體俱樂部或美容院，身溫暖顏紅潤，正被美容化妝。這兩個場景，一前一後，其異同又在哪裡呢？人啊，真的好缺憾，辛苦一生，奮鬥一生，苦痛一生，幸福一生，失敗一生，成功一生，百千種人生，最後卻只靠幾度電一把火就給解決煙滅了。然後，剩下一小罐的灰兒。幸運的人，罐兒精緻點，不幸運的，罐兒還很粗糙。話又說回來，有灰有罐的還算好了，不少人橫死何處也不知，連一片骨肉毛髮都找不到，就別說什麼罐與灰了。他或她留下的，或許就是一張照片，還有一個尚與別人重名的名字。而你，也不用希冀那照片或名字能夠永存於人們的記憶中。出火葬場大門後，我回頭看了看，人人都要進這道門，只是早與晚的事，你我都一樣。

回顧走訪瘋人院、老人院、醫院、火葬場之彼情彼景，深感人生無常、人生苦空啊！佛法的真諦真的就在其中活生生地展現著。既然生老病死之於男女老少貧富貴賤都不可避免，是人生注定的命運結局，那麼，我們為什麼不早做準備，早思對策，以期生老病死後的不生不老不病不死呢？

06

雜念的去除方法

川流不息。

雜念如川，煩惱如流。

眾生淹沒於川流的濤濤洶湧中。

聖者站在川流的扁舟上。

如何讓雜念的川流止息？或者說，怎樣才能把煩惱的川流斬斷？這，佛家提供給了我們諸多的利器。

平時，我喜用三種方法。

第一種，禪定法。

先以粗呼吸助禪定，以粗觀助禪定。然後，微妙呼吸，微妙觀。最後，非呼吸非不呼吸，非觀非不觀。

第二種：念佛法。

先以聲念佛，次以默念佛。聲中觀念，默中止念。達到念而非念，非念而念。

第三種：禪淨法。

以禪定法調身，以念佛法調口，以禪定與念佛結合調心。

本法重要的體驗：身、口、意調到一定境界時，會出現無身無口狀態，平時或禪定修持過程中的不適應等怡然喪失，其意也如散落在愉悅、明淨、空靈、自然的

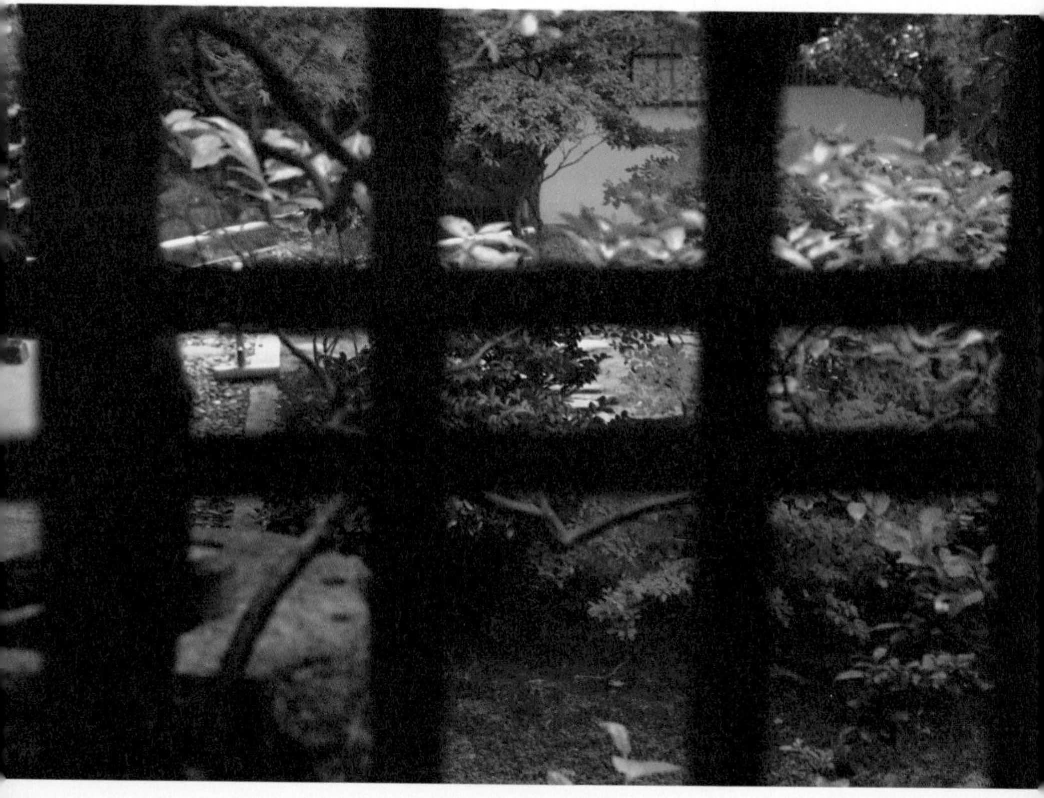

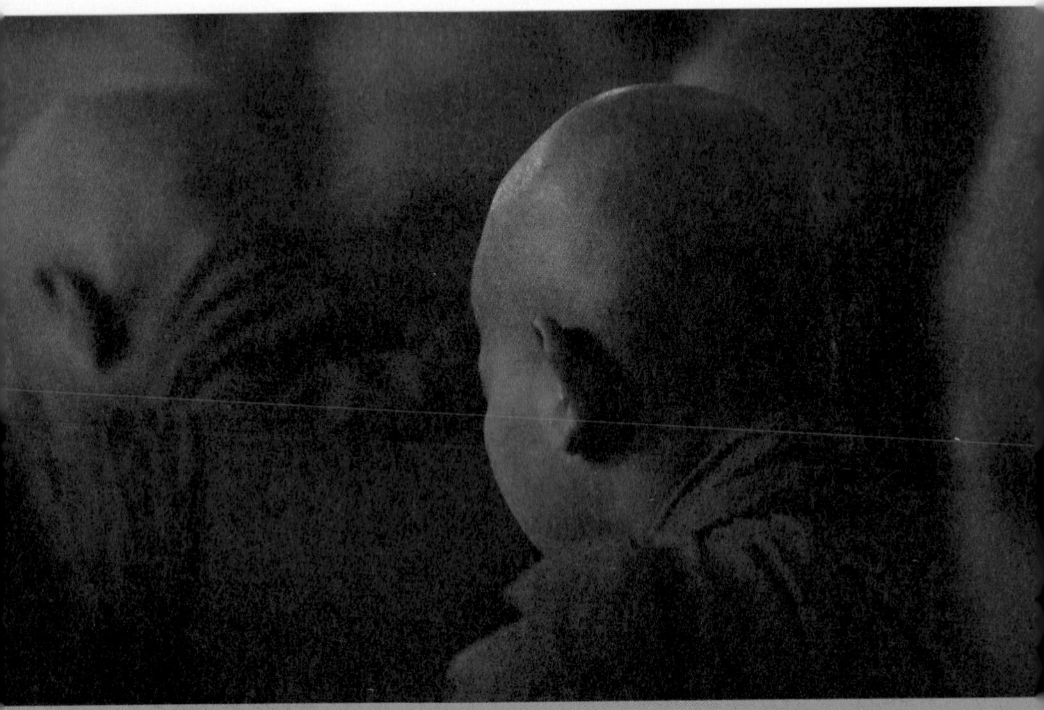

虛空中。

要說明的是：

由於曾修習南亞，喜用不淨、白骨等觀。有時，自我嘗試觀佛時也透析佛身應化出的無常、苦空。雖感如此看待佛身，無邊罪過，但也覺效果甚佳。試想，佛身應化尚不淨，最終也是白骨，何況我等？想到釋迦佛的終於涅槃，似乎此法亦無違佛理。

在止上，南亞雖有此法，且爐火純青，但我還是偏愛天臺的止法。

在呼吸上，建議要學南傳的，因為方法非常細膩、精細，或者說具體。在此，呼吸不單單是方法，同時也是一種境界了。

念佛法，漢傳的好，可供初習者應用的方法就有幾十種。沒有哪一種最好，只有哪一種最合適。

至於禪，意義比較泛。實際上，禪融到了以上如呼吸、止、觀、念佛等等方法之中，只是一種境界，而非一種方法。於此，禪也非因，而是果。因此，我們採取的方法是禪定，而非禪。

去除雜念，是學佛成就的要因之一。要去除雜念，一定得有方法。法門無量，我們誓願學，但無法都學。所以，要實踐幾種自認為比較適合自己的。

我的幾種，就放這了，供您參考。

07

韋陀小將的故事

我很欣賞韋陀小將，不純因為他的護法心堅，也因為他的雖然稚氣但卻威嚴。

在我們天王殿後面的彌勒佛背面，多有一尊韋陀菩薩，也就是我所說的韋陀小將。他的頂上一般都會懸匾題額，曰：三洲感應。

這韋陀小將，他的職能是護法的，鎮護所在寺院，以保安寧。彌勒菩薩在前頭笑臉迎人、大肚納人。韋

留雲寺禪林露天彌勒佛

陀小將對走進去的人，看看有沒有來者不善。觀察到懷善念來的，給予慈心增長。檢驗到懷惡念來的，給予惡念熄滅。韋陀小將的形象多是少年身兒童臉的，很清純，看了讓人心生法喜，但他又從不失英氣。

有個少年信徒，有次，她很羞澀地問：看見韋陀小將，她的心總是很跳，情緒總是很緊張，往往不敢正視，正視了就會臉紅。她問：這樣，她有沒有罪過呢？我聽了哈哈大笑起來。其實，我也莫名其妙我的笑意。末了，我問之，有什麼特殊原因使您這樣嗎？她不好意思地說：韋陀菩薩真帥……

十年之後，我遇到了

說韋陀菩薩真帥的那個信徒，她給我了一篇她寫的文章，說記錄的是一個夢境：

曠野，戰馬，將軍。戰馬被箭射中，受傷的將軍橫臥曠野。將軍昏迷了，戰馬嘶鳴。一位牧羊人唱著牧歌，沿小小的河流蜿蜒而來。他見了昏迷的將軍，牧羊人給他水喝，試圖喚醒他。

這時，要殺將軍的追兵趕來了。情急之中，牧羊人推將軍於小河邊隱蔽處，自己換上將軍的軍服，抹些將軍身上的血漬於自己臉上，跨上受傷的戰馬，艱難地飛奔。牧羊人誤導了追兵，追兵追著牧羊人。

這時曠野起風了，風帶著雨，雨冷風寒。

將軍在風雨中醒了，他遙望著一群兵馬於遠處揚起灰塵，揚塵中隱約有一個人正被追趕。接著，他看見被追趕者墜落馬下，已往前奔的戰馬也倒轉回來，繞鳴於墜落者的身邊。見此情景，再看自己身上的百姓服裝，他似乎明白了什麼。

等他自己爬走到牧羊人的身邊，他徹底明白了：牧羊人捨身救了他。

將軍費盡力氣，從牧羊人身上拔出三枝被射入的箭。他發誓：誰將這三枝箭射向這位牧羊人，他就將這三枝箭射向誰。

十年過去了，他完成不了他的誓言。因為，他根本找不到把箭射向牧羊人的凶手。他很悲憤……。

又一個十年過去了，他還是找不到那些凶手。為此，他絕望了，於一天，他用那三枝箭刺進自己的身體，以此來表達他不能履行自己諾言、無法實現自己誓言的愧疚。

將軍臨終前又發一誓願：從此不再投生男生。男生意謂著戰爭。他怕投生男生後，會與牧羊人成為陣敵。如果那樣，那將是

多麼悲哀的事情啊。於是，他發誓下輩子要成為女生，求作牧羊人的紅顏知己，以報此生救命之恩。

看我閱完她的文章，那個信徒說：我夢中的牧羊人長得如這韋陀菩薩一模一樣。

凡夫總是執著於過去，樂於探尋過去，總在為現在從過去尋找種種藉口。我在想，即使牧羊人與韋陀小將長得一模一樣，而該信徒呢，也未必就是那將軍啊。更何況，那還是多少劫前的前塵往事！

08

修證、教育、文化、慈善

回顧前三十年，我們佛教界的主要工作，放在了恢復僧團、建造寺院。

那麼，從今以後，我們的主要任務是什麼？還是建造寺院、恢復僧團嗎？不是。

我以為，今後，我們佛教界的當務之急是：要以修證、教育、文化、慈善為抓手，大力加強組織、制度，道風、信仰、人才、理論等的自身建設，大幅提升綜合素質，推動我們佛教的新一輪健康延續和長足發展。

為什麼要以修證為抓手？因為修證是佛教的根本，只有修證才能保持宗教性，才能保持佛教的特質不會改變，才能使佛陀的核心精神連綿永傳。

為什麼要以教育為抓手？教育是佛教內核，是僧團與信眾互助提升的最有效方法，佛陀時代如此，祖師時代也如此。

為什麼要以文化為抓手？文化是接引社會大眾的良好媒介，靠著佛教文化的不斷重複熏習或熏陶，特異思維的佛教才有可能逐漸被廣大社會大眾最大限度地瞭解。

為什麼要以慈善為抓手？因為慈善行為是佛教核心價值如慈悲、寬容、和諧、濟世、渡生等的最直接體現，最易被社會大眾普遍地認同。

修證、教育、文化、慈善，雖非強勁靈丹，卻是我們佛教後三十年健康延續與長足發展的穩健妙藥。

願我佛子，齊心盡力。示此古方，以為共享。

09

信仰與道德應是終生的教育

信仰的黑暗導致道德的冰冷。

道德的冰冷導致什麼？

昨日，為出點汗，下午四點多，去爬鼓山。

下山石階便道中，我二十多公尺前，有中年男子不慎摔倒，頭栽入草叢中。其時，旁有幾位學生模樣的少年男女。只見他們見人摔倒，哈哈大笑，視為趣事，而未施以援手。我見狀，趕快跑下去，把中年男子扶起來。男子連續道謝好幾聲。見少年男女一群還在看著熱鬧，我說了他們一句：「見人摔倒，怎麼不幫一下？」有個男孩戲謔地說：「我幫了，你哪有好人當？」我一時無言……

我們常說，年輕人是八九點鐘的太陽，是國家的希望。太陽關鍵在其光輝，沒有光輝的太陽，是什麼？是冰冷，是黑暗。一個國家的未來希望，卻缺少起碼的人文素養，不知道

德為何物。當然，更別談什麼信仰。他們以別人之不幸作為自己的笑料、娛樂，我們如何寄希望予其未來？

看他們年紀十七八歲樣子，小亦不小。因此說他們壞嗎，也不壞。因為他們笑得好天真，沒有一點惡意。回答得也很天真，還好像要展示他們敏捷的思維反應一樣。在這件事上，他們雖該被責怪，卻是無辜的。

那麼，問題出在哪？

我想，是我們的學校教育體制出了問題；是我們的孩子父母教育方式出了問題；是我們社會的教育理念出了問題；還有，就是我們整個人文的大環境出了問題。

太陽能夠發出光輝，因為有其內在的能源，否則便成冰冷的黑洞。

我們祖國的小太陽，也需要發掘其內在的能源，這能源也只是：信仰與道德而已。

沒有信仰的社會，是黑暗的社會。

沒有道德的社會，是冰冷的社會。

10

悟性的敏鈍決定修法的頓漸

悟性的敏鈍決定修法的頓漸。

所謂悟性，就是根機。

根機深厚，就敏銳；根機淺薄，就遲鈍。

同樣的精進，敏銳者可能大有收穫；而遲鈍者則少有進步。

根機說基於業力說。因為人之業力不同，根機便不同。

根機深厚的，我會建議您側重修證南禪頓悟法門，以慧能禪者為師。根機淺薄的，我則建議您側重修證北禪漸悟法門，以神秀禪者為師。

那麼，根機的深厚或淺薄，如何分辨？

禪宗說：「如人飲水，冷暖自知。」我們自己的根機如何，自己知道。自己想想，自己感受一下：我們的戒定慧修證得如何？我們的貪嗔痴息滅得如何？

我總認為，作為凡夫，我們不可能是敏銳者，我們都只是遲鈍者。除非，你是聖者再來。

記得，佛教有馬喻，說世上有四種馬。

佛陀說：第一種良馬，主人揚鞭，一見鞭影，便奮蹄前行；第二種好馬，鞭到馬尾，就知道主人意思，趕緊奮蹄前行；第三種庸馬，鞭子雨點般落到身上才肯奮蹄前行；第四種駑馬，主人的雨點般鞭子抽破了牠的皮肉後，才勉強地奮蹄前行。

我們有幾個是良馬、好馬。

我們多數的都是庸馬、駑馬嘛。

良馬、好馬尚且要跑才能到達終點，何況庸馬、駑馬？夢想我們的良馬、好馬、庸馬、駑馬哪天能夠飛起來，一眨眼就到，豈有那麼容易的事？當然，更不現實。

據此，慧能的頓悟法門要與神秀的漸悟法門結合起來修證才行。漸悟是基礎，是過程，是因，頓悟是結果。不蓋二樓豈有三樓？不能因為吃第七個餅時才感覺飽，就認為是因為第七個餅使你飽的。我們不應顛倒漸悟與頓悟的先後次第，也不應該把兩者割裂開來理解或實踐。

現實中，一些學佛者忽略了漸悟的過程，只是拿頓悟的道理為自己的疏於修持找藉口。

說心好就好，無需刻意去修行；說行亦禪、坐亦禪、行住坐臥體安然。不理會此語本意，卻以之為藉口，這是不合適的。因為我們是凡夫，不是慧能那樣的聖者。這些是從本體理性上說的。而凡夫，境界還停留在事象效用上。

為此，我們理應漸悟、實修，腳踏實地地一步一個腳印。漸悟積累多了，頓悟便是水到渠成的結果。

11

信仰、事業、職業

宗教是什麼？

是信仰？是事業？是職業？

無疑的，我選擇第一答案，我不反對第二答案，我拋棄第三答案。

宗教當職業，粗俗了。

宗教作事業，有願心，有行心，但是，恐怕難有信心了，而信願行是佛教徒選擇佛教應走的三部曲，缺信三缺一啊。

宗教為信仰，符合宗教本義，符於創教者本意。

現實中，有部分人出於各種原因包括生計原因，投身宗教，以之為職業。這樣，宗教活動成了謀生的手段。宗教的正面形象因為他們，從山頂墜到谷底，這部分人雖非宗教罪人，卻也是宗教的累贅者。

把宗教作為一種事業來做，去為之努力，奮鬥一生，並無不可，也有意義。關鍵是，如無信仰為基礎，那麼，在作事業之

中，就切割不了名利心，分離不了勝敗心，捨棄不了得失心。也因此，必將障礙重重，無法安心自在，無法放下解脫。

信仰為出發點而投身宗教，那可不一般了。信仰是無私的，沒有功利的，是精神的，是跨越苦樂乃至生死的。一個人一旦選擇了信仰，那他就是為信仰而信仰，這多麼的純淨、崇高，又是多麼的感天動地啊。

宗教界都認為：名師難遇。

我們投身宗教，首要的就是要投得名師。那麼，名師的標準在哪？除了檢驗他是否具備區分正法與邪法的宗教素質外，我想，另一標準就是看他視宗教為什麼，是信仰？是事業？還是職業？

視宗教為職業的，你敬而遠之。

視宗教為事業的，你遠而敬之。

視宗教為信仰的，你敬而近之，近而敬之。

12

人生與工作時間何其短

讀小學情景，如發生在前天。
讀中學情景，如發生在昨天。
讀大學情景，如發生在……早上。
之後，我回國服務教會、住持寺院，就如發生在中午。
而現在，無非就是下午而已。
是啊，人生真如朝露、真如曇花。

如果我們認真一算：

長壽者，九十年，無非就 32850 日夜。

中壽者，六十年，無非就是 21900 日夜。

下壽者，三十年，無非就是 10950 日夜。

在這些日夜中，一到八歲，即前八年，我們什麼事都不懂。從八歲到十六歲，我們都在忙著學習知識、掌握技能。

當我們老的時候，身體衰弱，心有餘而力不足。

可見，長壽者，生命質量截頭去尾，中壽者與下壽者連生命的尾都沒了。

那麼，在剩下的日子裡，在每個日夜中，我們都做了些什麼？

一個日夜共二十四小時。其中，睡覺八小時，三個小時花在早中晚的用餐，一個小時洗漱等，剩下十二個小時。在十二個小時中，我們都利用來工作了嗎？沒有。

通常，我們實行八小時工作制。在八小時中，我們真正在做事的有幾個小時？每人皆有工作經驗，皆很清楚。

再說，也非每天皆有八小時工作啊。我們還有星期六、星期天，各種假日。

此外，我們還有各種原因，如失業等，導致許多人階段性地無工作可做。

還有，我們許多時間都在路上奔波中耗費掉了。

據權威的專家測算，我們一個人，正常壽命情況下，除了兒童時的不懂事、夜晚的睡覺、平時在路上的奔波、日常的衣食洗漱，以及各種休假、怠工等等，真正用於為人服務的工作時間，其超不過人生生命的十分之一。

不算不知道，算了嚇一跳。

人生之短，人生用來服務人的工作時間之少，令人傷感。

為此，真要搶握光陰，好好活著，好好工作，好好珍惜難得的現有人生啊。

13

修身與修心

修行戒定慧，
息滅貪嗔痴。
這是學佛的根本方法與目標。

平時，我常聽人說：修行在修心，心好就好。平時，何必計較一事一物、一言一行呢？
話似沒錯，但確實大錯特錯。

要達學佛目標，其根本方法是身心的兼修，靈肉的兼修，理論與實踐的結合，事理的結合，不可只修心或只修身。

心是什麼？摸不著看不見，要透過身來體現。

為此，元持禪師請教無德禪師何為「每天必修課」時，無德禪師才會告知：「你要看好你的兩隻鷲、兩隻鹿、兩隻鷹、約束一條蟲、鬥一隻熊，以及看護一個病人。」

無德禪師說的兩隻鷲就是兩隻眼睛，你要警覺，非禮勿視；兩隻鹿就是雙腳，要走好路，勿入歧途，要非禮勿行；兩隻鷹就是雙手，要讓做善事，非禮勿動；一條蟲就是口中的舌頭，要約束好，非禮勿言；一隻熊即你心，雖笨卻壯，要制服它，莫使貪嗔痴聚集於此；一個病人即我們這個身體，要看護好，要常修戒定慧，莫使罪業纏身……

無德禪師的開示，明明白白地告訴了我們，修身與修心一樣重要。

據此，我要提警弟子們：

不可小視小戒小禮呀！我們學佛，自淨其意是我們的目標，而自淨其意確確實實地需從我們身心的兼修與結合開始啊！

14

僧尼於佛化婚禮中應扮演什麼角色

佛化婚禮在現今社會的逐漸流行，不可避免。

如何看待？

其逐漸流行，說明有社會需要。

本著度生的精神，有社會需要的，只要不違法、不違戒，就要給予接受。

當年，女性要入僧團，一段時間內，佛陀一直不肯。佛陀認為，女性之入僧團，

對僧團是有促進，但也有傷害。後來，佛陀還是同意了。也就是說，明知有傷害，佛陀還是接受了，因緣所致啊。

今天的佛化婚禮，既不違法也不違戒，也已經這樣了，給予接受乃情理之中事，不必再作爭議。但態度還應是：不提倡、不反對。或者說：默認。

現在，爭議的關鍵是：比丘與比丘尼在此該扮演什麼樣的角色。

在《四分律比丘戒本》十三僧殘法中有規定：「若比丘！往來彼此媒嫁，持男意語女，持女意語男，若為成婦事，及為私通事，乃至須臾頃，僧伽婆尸沙。」

在《四分律比丘尼戒本》十七僧殘法中有規定：「若比丘尼！媒嫁，持男語語女，持女語語男。若為成婦事，及為私通事，乃至須臾頃。是比丘尼犯初法應捨，僧伽婆尸沙。」

這告訴我們：比丘、比丘尼不可為男女作媒人。

華人講究：勿於瓜田下彎腰綁鞋帶，勿於李樹下戴帽子，即所謂瓜田李下。因為怕被人誤會摘瓜摘李。

戒律中雖無明確規定不可證婚，但如證婚，是否會給人產生為男女作媒的錯覺？因為兩者之間只有一線之差。

戒律中也無規定可以證婚，佛陀及其十大弟子時代也無先例。

佛陀曾經有交代，說他涅槃後，小小戒可以視因緣而捨。但作媒男女之戒明顯的是不屬小小戒。

基督教教職人員為婚禮作證，非我們可以學習的理由。不同宗教有其自己獨特品質。東施效顰，不成別人，毀了自己。太虛大師提倡，有歷史原因，為給當時沒落的佛教一線生機，迫不得已而倡之，是為救急。以今天我們佛教的發展趨勢，證婚之舉不是非有不可的。

為此，我以為：比丘、比丘尼作證婚人，明顯不妥。於佛化婚禮上，為作祝福者，為作開示者，無可非議。所有佛化婚禮儀式，皆應由此精神而制定而展開。

15

學佛要從學吃飯開始

活了四十多年，吃了四十多年飯菜。

出家為僧後，才認真想過吃飯的問題。

中華漢傳佛教寺院過堂用餐前，我們要供養、要施食，不能只為只想自己有吃，而忘了供佛供僧、布施六道眾生，而是也要他們有吃，我們才吃。

這讓我想起寺院用齋之所——五觀堂，堂中多配「食存五觀」四字。何為五觀：

第一觀：計功多少，量彼來處

是啊，想一想，我們每天用功多少？算算，我們每天又耗費了多少的食品？這些食品要耗費多少人力、心力、物力才可產出才能擁有？鋤禾日當午，汗滴禾下土。誰知盤中餐，粒粒皆辛苦。要知道食品來之不易啊！

第二觀：忖己德行，全缺應供

想想，內省一下，我們每天積了多少德行？我們又有多少德行？我們每天接受施主供養與社會服務，是否夠德行夠資格享有？如德行不夠，要怎麼辦？難道不是奮起直追嗎？

第三觀：防心離過，貪等為宗

我們要防貪心。為何特強調貪心，因為人皆有食欲，都想食好的，許多人因此窮奢極欲，他們厭惡食清湯淡飯。為此，要防心離過，認清吃飯的真正用意。

第四觀：正事良藥，為療形枯

吃飯要以什麼態度？要把飯菜當藥，為治人的不食饑餓之病與枯死之病。平時，寺中用餐不叫吃飯，而曰：藥食，就是此道理。如不食此藥，是不利身體的正常健康生存延續的。為此，吃飯不為口腹之欲，不為享用。

第五觀：為成道業，應受此食

為了學佛，為了修道，才受此食，應吃此飯。因為，人生難得，身體是修道的基礎。

在我們過堂用餐好後，我們要舉行結齋，祈福布施者，尤其感恩成就我們有吃的各種因緣以及布施者。

回看今天社會上，大吃大喝之風不止，鋪張浪費之風不止，食者不知來之不易，食之也不知感恩。於此食情之下，提醒大家尤其青少年好好想想吃飯問題是有必要的，而佛教的食之五觀及相關精神對糾正此食情是有幫助的。

學佛者更應如此。

我還以為，學佛者要從學吃飯開始。

16

人病人藥治

這兩天熬夜了。

空調冷氣中，竟得四大不調，身生小病。

還好，一碗熱辣麵，一場熱水澡，就基本好了。

感恩諸佛菩薩加持。

由此身病，我想到了心病。

人呀，個個看起來神采奕奕，外相皆好好的，但實際上，無一不百病纏身纏心。

以前未接觸佛法時，認識不到這一點。自從讀了唯識學後，才知道眾生的病態心識多多。尤其是看了佛陀與阿難的有關對話，對此有了更深刻的體

會。

阿難曾問佛陀，什麼是病？

佛回答他說：

1. 隨惡人言是病；　2. 邪妄諂曲是病；

3. 言語傷人是病；　4. 貪愛色欲是病；

5. 殺害眾生是病；　6. 不敬父母是病；

7. 作惡不悔是病；　8. 愚痴顛倒是病；

9. 侵占他人是病；　10. 好覓人過是病；

11. 無慚無愧是病；　12. 我慢貢高是病。

那麼，是病就得治呀。

為此，阿難又問佛陀，如何治之？

佛陀為這十二病開了藥方：

1. 慈悲喜捨是藥；　2. 謙讓作小是藥；

3. 贊嘆大乘是藥；　4. 有惡能改是藥；

5. 有過能悔是藥； 6. 毀罵不動是藥；
7. 敬上念下是藥； 8. 愛念他人是藥；
9. 敬老憐貧是藥； 10. 低聲軟語是藥；
11. 俱足正見是藥； 12. 誓度眾生是藥。

阿難聞此佛陀治病的十二藥方後，歡喜贊嘆，依教奉行。

佛陀開的是佛的藥方，但藥從哪裡來？還是從人間來。是人間藥，是人藥。

你看慈悲喜捨、謙讓……等十二藥，哪味不是人間的、人有的？

所以我說：人病人藥治。

有人會說，法師說的沒錯，佛陀講的更對，還好，我某某沒有這十二病。

哈哈，您沒有，怎可能？誰信？

現我給您一排華嚴鏡子，我們試著照照。

照前，先說明一下，何為華嚴鏡子？這名是我加的。

《華嚴經》中有因陀羅網境界。此境界如百千鏡子互照，境中之物於鏡中互攝互進，無盡無窮。

我們人，放到這華嚴的重重鏡中，就有重重無盡、各種各樣的我們，我們的優缺點在其中，皆會得到無窮盡的放大體現。平時，我們自我感覺正常良好，到此，您會發現，不是那麼一回事。您相非您相了，走樣得離譜了。

我們的身病心病也一樣，既多又嚴重，只是我們沒有自覺到而已。

山
寺
元

17

宗教：社會價值觀的評判標準

宗教的意義在哪？

除了宗教本身的信仰價值如終極關懷等外，我以為，其社會價值的要者之一在於為社會提供了一個善惡的評判標準。

不同社會，不同國家，不同時代，不同年紀，乃至不同性別，由於文化背景等不同，對善惡的內涵認知也就不同。

為此，在某事件社會價值的正負評判上，往往產生分歧。

比如：為救病危之母，兒子去偷錢作醫藥費。這是善？或惡？為救母，是善，但偷，又惡。

如果我們只單從母親、兒子、被偷者三方評判，是難以評判出兒子行為是好是壞的。因為站不同角度，就有不同的觀點，產生不同的結論。為此，在此事件上，我們還應有第四方

作參照點，那就是宗教的價值觀。

宗教價值觀是超脫超越於母親、兒子、被偷者三方的，不存在片面或只一隅的評判標準。為此，兒子行為的好壞，我們不應站在母親的角度，不應站在兒子的角度，不應站在被偷者的角度，而應站在宗教設定的善惡標準上。

角度不同，標準不同。凡夫因為利益心態作祟，無法不立足於自己的角度說話。宗教不同，因為教主已擺脫了本位的利益思考。因此，其善惡標準，相對而言，比較接近或已近客觀的本質。

這是宗教最大也是最難得的社會價值。由於有了這評判標準，整個社會、人類才有了參照，才有了方向。

18

信教與傳教

佛陀創教，為了什麼？

為了破邪顯正，導迷入悟。

基於佛陀本懷，我們信教，為了什麼？

有人說，為了傳教。

有人說，不直接傳教，不具體傳教，不衝在傳教的第一線，就不算信教，更非好佛教徒。在這裡，傳教是很狹義的。

我以為，理應這樣，但未必盡需

如此。

在時空各異於佛陀時代的今天，這種傳教是信教的義務，但只是其一，而非所有。我們信教，是為了回歸信仰、重建道德。回歸信仰、重建道德，是我們信教者真正用心致力的所在。傳教只是我們信教的其中一種表達方式。

今日，我們眾生，芸芸之數，深入迷途，深陷邪惡。如何出迷，如何出惡，這種傳教手段只是其一途，而非不二法門。

在回歸信仰、重建道德的大旗下，為了顯正，為了入悟，我們還有許多路可以走，還有許多事可以做。

佛經說：「諸惡莫作，眾善奉行，自淨其意，是為佛教。」這為我們指點出了傳教之外，顯正入悟的別出蹊徑。要回歸信仰、重建道德，關鍵在於自身的止惡、從善、自淨，而其次第是先止惡，再從善，然後自淨。

此世，百舸爭流。百舸爭流必有百條航道，百條航道必有百川。於百川的時空中，必是道路縱橫。為此，何憂沒有入處，何懼沒有出口。

我要說的是：由於各種因緣所致，很大一部分人，不是或不便或無意成為狹義的傳教者，但他們不失為信教者。諸惡莫作，眾善奉行，自淨其意，這是佛陀創教的根本本懷。只要是這樣堅定的信仰者，這樣真正的道德者，就是忠誠於佛陀創教本懷的好信教者，就是在承做著廣大意義上、真正意義上的傳教聖事。他們或她們，佛陀也曾或必將為之拈花微笑。

19

佛教的信仰層次

佛教的基本義理建立在因緣理論上，這就意謂著強調根機說。不同根機眾生的信仰，其需求、模式、效果是不同的。有關於此，我為之作通俗性的歸結，可分為四種：即生理型信仰、心理型信仰、精神型信仰、靈性型信仰。

生理型信仰：信仰者目的在於求得身體健康、延生長壽等。

心理型信仰：信仰者目的在於求得心靈的慰藉、消解心理壓力等。

精神型信仰：信仰者將信仰作為精神的寄託、思想的歸宿等。

靈性型信仰：信仰者將信仰作為靈性的依歸、生命的終極去處等。

前三種信仰是世俗性的信仰，是入世的信仰。而後一種是神聖性的信仰，是出世的信仰。作為不同信仰者，他們有理由選擇其中任何一種。其中任何一種都是必要的、有用的。為之信仰，都是值得的。

這四種信仰，其信仰層次之低高依次為：生理型、心理型、精神型以及靈性型。如果我們只立足於低層次的信仰，是有缺憾的，是不夠的。我們應該也要有高層次的信仰，這樣，現世的心才有地方安，才能真正安，來世的路才有地方延伸，才看得見。

近年，我為一些信徒主持了皈依儀式，我希望我的弟子們要爭取具足以上四個信仰層次，這樣，才是個真正的好佛教徒。

20

伽藍菩薩的昨天與今天

二〇〇九年五月十三，伽藍菩薩聖誕。是夜，翻看《三國演義》，特敬佩關羽的正氣、忠氣、豪氣、勇氣、英氣、義氣乃至他的柔氣。

關羽的形象著實乃中國偉丈夫的化身。歷史上，誰有如此氣勢？也許，只有岳飛等若干人。他身體高大壯碩，深紅的臉龐，長中方方中長；人家是黑髮飄飄，而他是黑鬚飄飄；他頭戴綴帶方帽，身著長袍，非鎧非甲，飄飄然然；他力量之手牢扼青龍刀，步步生風，氣壓江城。壯士不老死，關羽如此，岳飛也罷。關羽北伐曹魏時被計陷落敗，被嚴嚴實實地捆綁著，最後，終被東吳所殺。想想當年，他過五關斬六將，溫酒斬華雄，是多麼的意氣風發、英雄豪氣，其結局卻充滿悲劇色彩。

關羽之柔氣體現在他護送兩位落難的嫂嫂千里走單騎，這建立在正氣、忠氣、豪氣、勇氣、英氣、義氣上的柔氣，堪稱武將們的千古絕唱。

關羽是如何與佛教結上緣的呢？我查了不少資料，但都不能讓我信服。因為前因後果交代得不清楚。為此，我想，只能問問伽藍菩薩本人了。於是，在這個伽藍菩薩聖誕，我焚香禮拜於伽藍聖像前，祈求菩薩給我指點、啟示，以更堅強我的信心。

夜來，室外水池似有零星水滴滴落水中；窗外的樹上，葉聲與鳥聲傳之悠遠。漸而，我入了夢鄉。

夢中，一位氣勢巍然的勇將邁向我，那是我完全沒有見到過的形象。我問之：「您是誰呢？」他回答道：「您不是要瞭解我嗎？」我說：「那您是誰呢？」我話音剛落，一眨眼之間，一個關羽的形象活生生地站在我面前。見此情景，我好感動，這可是伽藍菩薩啊！

我馬上下拜，下拜之中，我看見眼下是一個好大的內如虛空般無窮深的鏡子，只聽得我自己「啊」的一聲便掉向這深鏡的虛空中。下掉之中，無數的影像在我眼腦中閃現，雖很雜亂，又似有序：我看見一位英勇的將軍在百萬人軍中左衝右突，衝鋒陷陣，殺人如麻，血水濺飛，血光四射。這將軍一路斬殺，直殺到一個怎麼也殺不死敵人、敵人個個殺不死的地方，這可像是佛經中的十八層地獄啊！他終被那些殺不死的敵人抓了起來，手腳被剜、身首異處。時間似乎過了很久很久，有一白天，裡面來了一位老僧，帶了面鏡子，鏡子裡有個小男孩，他在埋葬一個手腳被剜、身首異處的將軍。從此以後，這小孩見血會發抖，食肉會嘔吐，但喜兵器，好佛經。他長成少年後，隨那老僧到了一個寺院作雜務，關於他的靈異故事經常發生。有一個夜晚，有一幫人來寺搶劫，這少年獨自一人拿起兵器大喝一聲，那幫人似乎看見有一幫衛兵在那少年的率領下向他們衝去，他們嚇得全跑了。

幾十年後，這少年於壯年時突然無疾而終。

那老僧就為他塑了個雕像，安放在寺院殿堂，作為夜間守夜防盜賊之用，這個像就如我夢中初見的那位將軍。後來，老僧去世了，老僧的徒弟又為這無疾而終但卻靈異威力的壯年塑了一尊雕像。這尊雕像接近於現在關羽的形象了。

夢至此時，夢中關羽忽然又重現出來，對我說：「我像實非現在這個樣子，這樣子是後人想出來的，我就是你初見我的那個模樣。既然後人認為我是如此模樣，我也就接受了。」關羽接著說：「我因生前殺人無數，罪業深重，墜下地獄，受種種苦。又因生前忠義，積些功德，得到僧家超度，方才獲得提前超生。」他說：「後來，我才明白，靠殺、征戰，創造不了一統的江山，也創造不了和平。靠殺一統的江山，終將分裂，靠殺得來的和平，終將歸於戰爭。」他說：「慈悲、智慧才是真正的利器。」於是他發願要維護慈悲、維護智慧，作佛家的護法。

怪不得呢！原來如此。

醒來後，我急忙到福州開元寺的伽藍菩薩前禮拜，感恩他的指點啟示。

現在，伽藍菩薩多顯現民間傳說中的關羽的樣貌，他與韋陀菩薩一樣，皆為寺院的大護法神。韋陀稱左護法，伽藍稱右護法。此「伽藍」二字即寺院的意思，伽藍菩薩即護衛寺院的菩薩。他與韋陀菩薩是伽藍聖眾即十八位護法神的總代表。雖為護法神，因其境界高、貢獻大，世人便也稱之菩薩了。

作為一寺四眾之主，每次出門，尤其出遠門，我都要與韋陀、伽藍等護法善神打個招呼，請予關照寺院，鎮守社區。似乎，凡有所求，每每如願。可見，其之靈驗威力。

這裡，也指點、啟示您們：求佛、求菩薩，同時，也要求求護法神。畢竟，他們是佛菩薩們的好助手。

貳輯

敬畏生命

21

有修有證才是真

一直以來，我很喜歡德山禪師的一段句子：「窮諸玄辯，若一毫置於太虛；竭世樞機，似一滴投於巨壑。」

為此，他把長期閱讀的《金剛經青龍疏鈔》也一把火給燒了。

做學問如此，學佛也一樣。因為書上得來終歸淺啊。

佛教非常強調修證，修為實踐、方法，證為效果、目的。認為有修有證才是真。也因此，反對只在文字或口頭上下功夫。

純粹的文字與口頭，弄不好，不僅有失主旨，甚至陷入文字障。

當年，靈佑禪師就曾開示學人：「孩子，你要快點開悟，不要執著於文字。」

曾經，有位身經百戰的將軍請求隨宗杲禪師出家。

對此，禪師不收。理由是：將軍雖放下權位名利卻未放下妻兒。將軍一心要求出家，就信誓旦旦地說：「我什麼都放下了……」

無奈，禪師就留宿將軍一晚。

次日，早早的，將軍就起來到佛堂禮佛。

禪師明知故問：「這麼早起來幹什麼啊？」

將軍答：「為除心頭火，起早禮師尊。」

禪師回他一句：「起得這麼早，不怕妻偷人？」

將軍一聽，暴跳起來，指著禪師一頓大罵，說禪師不是東西，講話太傷人。

為此，禪師哈哈大笑。

你看，這將軍心頭火這麼大，輕輕一扇，就燃燒起來，哪算放得下？

所謂「安禪無須真山水，滅卻心頭火自涼」。心火不滅，純憑文字與口頭功夫，哪行？

何用！

那心火怎滅？要靠實際的修證。

有修有證之人，生死自如，何況日常生活。

當年，隱峰禪師入滅前，召見徒弟說：「圓寂方式，有坐有臥，這些你們都見過，但可曾見過站著圓寂的？」

徒弟答：「見過。」

隱峰又問：「倒立著圓寂的呢？」

徒弟答：「從未見過。」

語音剛落，隱峰便倒立而去，往生了。

這些禪師正如大梅法常禪師說的：「來莫可抑，往莫可追。」

據傳已一百零三歲高齡的本煥長老，人問他：「準備何時往生？」他的回答是：「想走了誰也攔不住，不想走時誰也催不去。」

既然有修有證才是真，如何修

證？佛教三藏十二部經典，八萬四千法門，已在告訴我們。

作為我個人，除了依照佛教的某些修證法門修證外，我喜歡這樣每日三省：

今天，我是否犯錯？

今天，我是否空過？

今天，我是否進步？

22

雕像

眼睛可以失明，但不能沒有燈。

可以沒有膝蓋，但不能不跪拜雕像。

自懂事起，想像中的雕像是何等的威嚴、崇高、神聖。那時，儘管雕像的造型還是那樣的模糊不清。

我的第一尊清晰雕像，在小學時被立起。但也是在小學時，被碎了，不因為我，不因為他人，因為雕像自身。

進入中學，那時已經少年了，第二尊清晰的雕像被立起。黃花開謝，到底幾個春夏秋冬，我未去認真記憶。原以為此次無虞了，不料，雕像又碎了，被人打破。

走向社會，為了第三尊雕像的立起，我繼續堅持著對雕像的感受：威嚴、崇高、神聖。但我思量，雕像不應在外，要在內。也就是，我放棄了外在的雕像，我要雕塑自身，讓自己

成為雕像，成為自己的雕像，賦予自己雕像燦爛的靈魂。雕呀，塑呀，一道，一路，好努力，好艱辛。

終於，雕像似乎立起了。基座穩固，周身華麗，其容顏煥發耀眼光華。為此，驚異與羨慕紛至沓來。

對此，我自己似乎相信了自己，以為：這是真的。

但，除了雕像，誰也不是真的雕像，誰也無法承受那樣多的寄託，那樣沉的負重，我也一樣。某夜的風雨雷電之中，我自己也倒了，燦爛的靈魂脫竅而去，連同那一大片的驚異與羨慕。

誰也不能沒有雕像。雕像在哪？誰來再造？我在探尋。

進入佛門，隱隱地，我聽見佛陀的聲音，看見佛陀的雕像，儘管佛陀說他不是雕像，但該雕像已融入我血、滲入我心、透入我魂。無論，我身在何處……

23

相信

佛說：信、願、行。

信為慈悲本，願為智慧根，行為圓滿源。

有詩人說：我——不——相——信。

為什麼不相信？

那是因為他不去相信。所以，他不被相信。

佛陀開示：人有佛性，本自清淨。

既然清淨，探及初始，究至終極，

皆不外是聖人種子，其人性趨向、態勢就當是誠實可信。

為僧以來，雖也曾遭遇過欺騙，但我：相信。

相信：那欺騙是善意與無奈的。

相信：佛之存在。

相信：法爾真理。

相信：僧之模範。

相信人之本來潔淨、始終可靠，未來充滿希望與光明。

人，如果不可靠，我們怎麼辦？每天，我們都在依靠著人的成就。我們的衣、食、住、行，乃至看本書，欣賞幅藝術作品，無不如此。其實，在這社會，人，才是我們生存、學習、工作、生活、信仰等等的真正依靠。離開了人，在人世間，我們就離開了自己。

如果人不可信，如何可靠？

如果人不可靠，如何可以依靠？

我相信人，人的本質決定了讓我這樣去想、去做。人世的互相需要，共存共榮，讓我這樣去想、去做。

有人堅稱：人有缺陷。

是的，人有缺陷，但佛也有缺陷。因為，他非萬能。法也有缺陷，其無法解決所有問題。僧也有缺陷，他只是個僧。佛雖有缺陷，卻是慈悲智慧，直至圓滿的，不失為我們偉大的威力加持者。法雖有缺陷，卻不失為我們正確的道路與方向。僧雖有缺陷，卻不失為我們可以參照的質樸倫理道德形象。人雖有缺陷，可以懺悔呀！可以痛改前非，可以積福、積德、積善、積功啊。

為此，我對世界、社會、人生，從不失去相信。我相信月之存在並發光、日之存在並發光、星星之存在並發光。正如，我對人的相信與存誠。

這些，昨天如此，今天如此，明天也如此。

讓我們：相信，永遠相信。

相信人：有理由讓自己相信。

相信自己：有理由被人相信。

相信世界：認為其黑暗的，定會光明，認為其醜陋的，定將美麗。

相信人生：即使死亡了，也會新生。

24

為何活著

一隻螞蟻，很小，
牠為何活著？
一隻駱駝，很大，
牠為何活著？
觀察螞蟻一生，累窩存食，再就是不斷的旅行，不斷地與風雨與塵泥的抗爭。
觀察駱駝一生，以荒漠為伴，熱中來沙裡去，在牠眼裡，水最尊貴，其後才是主人。
而我們，人，不大不小，為何活著？
清晨，鐘聲響了，我在探究。傍晚，鼓聲

響了，我也在探究。

感恩佛陀！

佛陀真是偉大的無可置疑的啟示者。

他早就啟示我們：以他的一生。

佛陀王子出生，王子身份可為國主，但他放棄了，決然放棄了眾生們痴迷又難以企及的至高權位。

佛陀出家前有嬌妻愛子，但他捨離了，決然捨離了愛戀情色。

佛陀可以擁有一國財富，奇珍異寶，但他視之如糞土毒蛇，決然拋卻。

不僅如此，佛陀選擇了清貧，選擇了追求真理。為眾生指生命價值之路，為眾生治靈魂之病。

今天，我們活著，為何活著？

尤其，當我們披上佛衣的時刻。

25

教化之道

剛才，知客師領位非要見我的女士來敲門。一見我面，她就嚷嚷要我讓菩薩救她，很焦急的樣子。

問她緣由，說半天我也沒聽出要點，還是知客師轉述了要點，我才弄明白。

原來：她的先生拍著胸脯說是愛她珍惜她，但卻牽了其她女人的手。她的到來，是要求我為之算一算，她先生是否真的愛她珍惜她，以便她進一步作打算。

古語說「寧拆十座廟，不散一夫妻」。何況，我也不贊成為人算啊。為此我只能含含糊糊，顧左右而言他。但她在此，卻能抓得主題，盯住她的問題不放。

沒辦法，我只能說：「你先生與你吃住在一起，你都不知他是否愛你珍惜你，我還不認識他，如何會知道呢？真的是愛莫能助啊。」

為緩和氣氛，一說完這，我趕快轉移話題，為之介紹了佛教贊美的家庭和諧夫妻和順之道。她聽罷，悻悻而去。

經此事，我在想一個問題：教化是神祕一點好？還是平常一些好？

這位女士因我不願為之算一算，所需不得滿足，很失望。可以想像，她這一回，對開元寺，對本人，一段時間內，必是喪失信心。而反之，如我與之神神祕祕說一通，她必是誠惶誠恐、感激涕零、敬佩有加地對我，說不定，還會拜我為師呢。

佛法雖是出世間法，但要面對的卻是世間的人。世間人自然是平凡、平常，甚至是世俗、俗氣的，要解決的多是衣食住行與愛恨情仇之類事。我總想，平凡平常的問題，要用平凡平常的方法去解決。這樣，沒有副作用，也不會留下後遺症。

當然，佛法不否定終極的出世目標，不僅如此，還強烈地強調這一點，認為乃學習佛法的宗旨。不過，這宗旨的實踐，不靠神祕主義，而是靠平凡的日常方法。在這點上，佛教禪法就體現得最明顯。即使是淨土法門，也是強調未來佛國的入門券由本世間籌資購買。認為：此生此世做好了，自然積下好的福德因緣，臨命終時，自然往生極樂淨土，而不是離開此土求彼土。

我的意思：教化要講長期效應，要講保持後勁，要實實在在，切勿虛無縹緲、神神祕祕。人間佛教，首先，是在人間的，然後才是佛國的。苦樂人間，有佛教的根。果，才是結在道遙的極樂淨土上。

26 為賑災改修慈悲觀

一段時間以來，誦《金剛經》與《六祖壇經》，同時，間以意觀白骨。以此趨入空觀。

近期，汶川地震，國土危脆，生命呼吸間，財產受到毀滅性的破壞，數萬生命生離死別，景況令人慘不忍睹，遂呼籲教內人員及社會人士積極賑災。

為相應於災區眾生的傾力拯救與超度，近日改誦《觀音菩薩普門品》與《地藏菩薩本願經》。同時，間以稱念觀音菩薩與地藏菩薩聖號，希望以此趨入慈悲觀，使慈愛悲憫陡從心生；同時，借觀音之力給予拯救，借地藏之力給予超度。

不過，學佛的終極目標不是悲憫慈愛，而是解脫往生。賑災是其助緣或增上緣，而不是根本原因。

從某個角度來說，證入空性才是解脫往生的捷徑。為此稍後，將回歸趣向空觀的修法。

舍利殿

27

修證是學佛與傳教的根本

畫餅能充饑嗎？不能！

望梅能真正止渴嗎？不可能！

在紙上的東西還在紙上，在口上的東西還在口上。

理論沒有實踐為落腳點，永遠只是理論。

文以致用嘛。

佛教義理也一樣。

佛說如不落實於現實，只是學術名相概念。

佛說如不能得到驗證就是「胡說」了。

其實，佛之一生，說的做，做的說，互相驗證。這樣，才使其法於其在世時就得到那麼廣泛的弘傳，並旺盛地流至今日。

為此，在我們的度生方法中，我們首法就是：修證。

回國以後，住寺、修寺、學法、弘法，以坐禪念佛為修證。一路走來，雖有微功，但效果談不上明顯。在古代，許多高僧大德在修證十至二十年後，便有所得，甚至開悟，與之相比，實在慚愧。

我常於靜中反省，省思自己的佛教學修之路是否走得如法？是否被世俗的名聞利養牽走了鼻子？尤其，是否只重於理論而疏於實踐？

不管省思的結論如何，我明白，我應加大實際修證的時間與力

慶雲寺大雄寶殿

度，因為，時間不饒人，無常不饒人，已經中年了，人生有幾個中年可以讓我們悠閑地度呢？

長期以來，我對南亞佛教的禪修方式相當興趣，這既源於我對這方式的曾經體驗，更因為這方式是最接近於佛陀當年的修證方式。悉達多王子就因為這方法使之成為佛陀。

因為這原因，我曾用不少心思瞭解南傳佛教國家中專於禪修的寺院資料，尤以斯里蘭卡、泰國、緬甸、柬埔寨、老撾、孟加拉、印度、尼泊爾等的為主，並參照了越南、印尼、馬來西亞、新加坡、韓國、日本等的。

先不說他們的異同與各有千秋，只想指出一點的是：這些禪修場所，多普遍得到歡迎，尤受有理論基礎的禪修者厚愛。

事實說明一切。緬甸是個封閉的國家，但禪修中心卻有許多外國人，因多次赴緬，對此有所瞭解。如仰光附近的「馬哈希」、「班迪達」、「哆達摩倫低」、「恰密」、「莫哥」、「孫倫」、「雪烏明」、「國際」、「內觀」等等禪修中心，長年禪修，並有特別活動。而其特色之一，就是實踐——實修實證。

談到這些，使我感到不安。

中華大地上佛寺很多，禪宗寺院占大部份。但目前，真正進行實際禪修的並不多。這情況，使僧俗在修證上，缺少必要的實踐場所，影響了他們修證境界的提升。

源於個人的實際因緣：法脈承自明暘長老，為禪宗；曾修證斯里蘭卡四年多，今又在興建高山寺院泰寧慶雲寺，為此，禪宗與禪修為我厚愛。也因此，以後將在這方面下更多些時間，花更多些精力，以求將理論與實踐結合得更緊密些。

修證是學佛、傳教的根本與最終目的啊。

28

乞丐與陽光

日前，觀音誕。

禪門頓開，萬千信者絡繹不絕而來。

步出禪悅齋，過鐵佛殿，下到藥師殿，到了山門。

山門外，道路兩旁，賣花的、賣果的、賣香的、賣工藝品的、賣青菜的、賣鞋與布的，仿如一個新興市場。

此間，還有叫唱的乞丐，或坐、或站、或趴、或伏臥，不同的是性別、

年紀，同的是滿臉的滄桑。

看到他們，忽然，我想到了自己——

我寫文章或署名時，常用比丘本性。這比丘，是梵文bhikkhu的音譯，其意，士稱乞丐，雅稱乞士。乞什麼？上乞佛法，下乞俗食。乞法為入道解脫，乞食為資身活命。在佛陀時代，僧人不事勞作，不作炊飲，乞食為生，一心為法。在佛教《大智度論》中就有說：云何名比丘？比丘名乞士，清淨活命故名為乞士。」

我想，乞丐與乞士，本無不同，山門內的和山門外的，都一樣，都是乞，沒有貴賤。乞丐與乞士之間，乞丐與乞丐之間，乞士與乞士之間，如有不同，在於他們的乞之格，或叫「乞丐格」或叫「乞士格」。有的乞得失了操守，而有的卻乞得保有品格。

有人告訴我說，西藏街頭有位乞丐，向人乞討一毛錢，詩人于堅給了他一元錢，這乞丐便找了詩人緺巴巴的零錢九角，然後，謝謝一聲，淡然而去，倒是讓于堅不知所措。

是的，人生確應如此，即便身為乞丐，也應有所求，有所不求，應有所為，有所不為，應取棄有方，得捨有度。

近日，廣東佛山二歲女嬰悅悅，連被兩車輾過，司機皆逃逸，十八位路人視而不見，就從被輾女嬰身旁逍遙而過，惟五十八歲拾荒阿婆陳賢妹出手相救。事後，感其義舉，佛山市有關部門獎勵二萬元人民幣予陳姓阿婆。而貧苦困窘至拾破爛的陳阿婆卻再三婉拒獎勵，說「只是做了一件平常事」，說「這不是我自己掙的錢，我拿了心裡不踏實」。後來，實在推辭不掉，又表示：把獎金捐給女嬰悅悅看病。

拾破爛雖非乞丐，但幾近了。但拾破爛的陳賢妹卻有超出拾破爛者甚至那二位司機及十八位路人的操守與品格，實在令我感慨萬端與敬佩不已。

比丘們啊，靠佛陀大樹之蔭，我們飯來張口，衣來伸手，但大家一定不要忘了，口張大小要有方，手伸長短要有度。佛門一粒米，大如須彌山，口張大，手伸長，如何咽吞？如何消化？三心未了，滴水難消，這話，沒有聽說過嗎？

以另一乞丐的故事，作為本小文結尾吧——

一乞丐於牆角悠坐著，一善人見之，起憐憫之心，走過去，準備施捨金錢與食物給乞丐。乞丐感謝善人的好心，但乞丐婉拒了善人的施捨，並客氣地對善人說：「請您讓開一些可以嗎？因為您擋住了我的光線，我需要陽光！」

29

佛法不是謀略權術

身居榕城，耳濡目染，慢慢地知道：福州的幾位大富人家都虔誠奉佛。如林氏家族捐建福清彌勒岩寺；郭氏家族捐建福州開元寺、福州慈航寺；曹氏家族捐建福清靈石寺、福清高山香燈禪寺。

近來，又聽說，世界的大富人家也不乏虔誠事佛的。如香港地區的李氏家族、美國的喬布斯等。

也因此，有文章分析，這些大富人家之所以富，是因為得力於佛法的智慧。也就是說，佛法教給了他們生存掙錢的智慧。

這些分析，不管是否高見，說實在，我不太在意，更不以為然。我總以為，佛法應是教人生活的智慧，是生活的佛法，而不應是教人生存掙錢的智慧，不是生存掙錢的佛法。佛法的真正宗旨，應體現在——教人如何過得自由自在、歡喜歡樂、無憂無慮、無畏無懼、無煩

無惱、幸運幸福、超脫解脫上。

由於信仰原因，我也交往了一些成功的商業人士。他們往往告訴我，現在他們關心的，不再是如何生存掙錢議題，而是關注如何生活、如何生活得更好的問題。他們之中許多人已把商業王國交棒給了第二代或第三代，而今，他們多忙於做企業文化，或自己充實文化，或周遊於中國和世界。

佛法畢竟不是純粹的管理學或經濟學，雖然它有其中的成分或元素。我們應當讓當今的佛法著重關切人們的生活，著重引導人們生活的態度。

這不分對富人或窮人。

其實，福州如曹某也好，美國如喬布斯也好，他們奉佛、事佛、崇佛、敬佛，求的也就是解決如何更好、更有意義生活的問題。佛法為他們帶去了心靈的平靜、靈魂的超越、價值的彰顯、道德的提升，更直接的，就是生活品質的昇華。在這些面前，生存掙錢議題，我認為，已顯無關緊要、無足輕重了。

近年，因應市場的需要，教界萌生了一種將佛法作為謀、略、權、術來講解傳播的風氣，甚至成了某種趨勢。我想，這是本末倒置的一種弘揚方法，偏離了佛教的根本理念、精神與用心、用意。要知道，佛家就是佛家，不是其他。為了正法久住，我們應予及時提警與糾正，這也正是本人寫這篇小文的良苦初衷。

30

大寺與大師

我這前半生，除了讀書，就是學佛。也因此，在我心中，有兩個地方特別的神聖，一個是佛堂，另一個就是學堂。

曾在北京讀書四年，雖在中國佛學院，卻常跑清華大學、北京大學。既為其人文環境，更為其學術光輝。

近日，有報導說，清華大學新任校長產生，是年富力強的陳吉寧教授，他在就職演講中說：大學的根本不在「大」，而在「學」。他提出，辦大學要以「學生為本」、「學者為先」、「學術為基」、「學風為要」。

記得，清華大學老校長梅貽琦教授也說過類似的話：「所謂大學者，非謂有大樓也，有大師之謂也。」

兩位校長的辦學精神，可謂一脈相承，焦點集中在：辦大學，重在有大師，非重在有大樓；重在學，非重在大。

這讓我想起我們的佛教及其現況。

回歸佛陀的本懷，我們會

發現，佛教的本質就是教育。佛陀從成道到涅槃，一生在做的事情，無非就是教育——傳教。他隨機逗教、因材施教、授業解惑、度化弟子、化度世人。怪不得呢，在佛教，尊佛陀角色為大導師。

因為佛教的本質是教育，是一種特殊的教育。因此，寺院與大學就有許多相同相通之處。考察佛教史，寺院規模大、殿堂體積大的年代，未必就是佛教興盛的年代。而高僧（即大師）出的時代，才是佛教興旺的時代。往往出個高僧（即大師），就推動佛教向前一步。如是出個劃時代的祖師（即頂級大師），那麼，佛教的發展就大大地跨前一段。這些祖師，如慧能禪師、玄奘法師、懷海律師等就是。

也因此，我在想，今天基於佛門現狀，接下去，我們的發展道路應是怎樣？這大學的發展規律，值得我們借鑒。

因緣生法，今天，我們的佛教可以自豪地說，我們有大寺院了，我們有大殿堂了。但我們底氣不足的是，我們缺了大師，即缺了高僧，缺了祖師。

為此，今天，我們的當務之急，應是成就造就大師。時代呼喚大師，時代需要大師。大

師是高素質、高品質的綜合體，他不會憑空而生，他的出現，除了自身根器與時代生態之外，就需要培養。而且是從一般僧才中培養出來的。

也因此，我以為，今天我們應把更多時間、精力、財力，轉向投放到一般僧才的培養上，做足一般僧才培養的工夫。有了這牢固的基礎工程，才有可能締造出金字塔尖。這培養，一方面，是自我培養，即自我努力，另一方面，就需要佛教界為他們創造出好的條件與環境。這條件與環境包含學習、修持、研究、宏法、管理等等方面。

這就啟示並提醒我們，今天我們應趕快把旅遊的佛教，轉向到文化的佛教；要趕快從文化的佛教，進入到哲學的佛教；最後再提升到或還原到信仰的佛教。如此，我們的佛教大師自會御時代風雲，應運而生。

31

本自學來還學去

板凳要坐十年冷，

文章不寫一句空。

做學問，很辛苦。坐得了冷板凳，未必寫得了好文章。有說，「吟得一句雙淚流，句不驚人誓不休。」前賢作詩該用「推」字或「敲」字，躊躇不定，月下來回幾踱步，苦苦思考。

做學問，很心酸。古代文人命運多坎坷，杜甫窮極一生，曹雪芹也好不到哪去，蘇東坡屢被貶，李白苦惱到嗜酒如命，醉後跳水

而死。除非肯昧著良心，隨著世俗濁流，背棄學人的品格，彎下學人的風骨。可是，有幾個學人願意那樣做呢？

僧家不比世情濃，但僧情似乎不異於世情。許多出家小師父有志學習，只是學了以後，無處可去，沒有著落，或有了著落之後，沒有用處，給人頗有枉學之感。也因此，肯去苦學、深學、專學理義的小師父少了。而相反，熱衷於管理的則多了。

在佛教，尤其現今的佛教，從改革開放以來，為重續慧命，紹隆佛種，雖無暇側重於培養人才，提高素質，但上上下下集中精力落實政策，重建寺院，補充僧員，成效顯著，功德無量。以福建為例，現寺院不會少於六千座，僧一萬二千人以上，其中較大規模、堪升方丈的一定不下六十座，此即意謂方丈不下六十位，而堪稱住持的僧人定不會少於百人。

我常在想，佛教的發展需要管理人才，也需要學術人才，只有辦事的僧與辦學或為學的僧有機結合，比例相契，達到平衡時，佛教才會更健康地發展。從出家為僧，一直以來，我本學僧一名，興趣究學，缺少管理才能。為人，何況為僧，本該自知，揚長避短，可因緣和合，十幾年來，我一直在管理的崗位上勉強為之，濫竽充數，為寺院方丈，為協會祕書長，既誤人恐也誤了自己。想到省內學人本不多，肯坐冷板凳做學問的僧人也很少，真想轉身回

頭，側重傾力於做學問究理義，既補當前佛教之急需，也算自己煩惱之解脫。但願能夠因緣成就，適時願成啊。

32

信、願、行

學佛有個三部曲：信、願、行。

先立信，再發願，接著實行。由此，種因得果，水到渠成。這是我們學佛的成就規律，也是我們為學、從業的進步法則。

佛教說：有信、有願、有行，這並不難。難的是：信應正信，願須正願，行要正行。信之盲目、願之不當、行之錯誤，會迷身、會迷心，從而迷失道路、迷失方向，進而顛倒社會、顛倒世界，以致迷失自己、丟了自己。

信有了，願有了，行有了。正信有了，正願有了，正行有了。那麼，下一步便是：信要堅、願要宏，行要大。

也許時空原因吧，古人多純樸，他們忠實、忠誠、忠義。為友情，一諾千金；對愛情，死心塌地；對信仰，至死不渝。這些很是感天動地。

堅信、宏願、大行，在信仰上，其功之大，其德之厚，不可思議。我們經常念四宏誓願：眾生無邊誓願度、煩惱無盡誓願斷、法門無量誓願學、佛道無上誓願成。有語曰：死而復生，置之死地而後生。有典故謂：破釜沉舟，背水一戰。這些都在直接或非直接地點明堅信、宏願、大行的妙義與妙用。

有個故事：三寶弟子李阿大堅信，於寺院的觀音殿禮拜觀音聖像七萬遍、誦念觀音聖號四十九萬遍，接續不斷，便可見得所禮所誦之觀音顯身。在阿大即將圓滿宏願時，忽發洪水，觀音殿牆倒雕像塌，殿內人們紛紛奔出殿外逃生，惟阿大堅守不完成自己的大行絕不離殿的初心。阿大因此被淹溺身亡了。人們因此議論不斷：有人說，阿大笨愚，不知奪路逃生，徒做犧牲；有人說，觀音不靈，否則早伸手拯救；有人說，阿大禮拜誦念觀

自在觀音

音的次數還不夠，故未得感應；有人說，也許阿大自救，觀音才會救他吧。

關於阿大，無論如何，我特欣賞他一點：不達心願誓不罷休、死不罷休的精神。阿大為了完成自己的誓願，明知艱難，甚至危險，卻破釜沉舟、背水一戰，不計較、不逃避、不權衡、不放棄、不藉口、不畏懼。泰山崩於前，同樣從容、淡定，置生死度外，不移志趣、不異目標。甚至，哪怕真的堅信錯了、宏願錯了、大行錯了，也在所不辭，也在所不惜，從而信得、願得、行得徹頭徹尾、徹骨徹髓、徹底徹底、徹徹底底，亦明明白白、無怨無悔。

但是，阿大真的信願行錯了嗎？我認為，沒有！桶底不脫落，想從桶底看天，很難。除非，桶中有淨水。如得桶底脫落，天已在桶中。

在李阿大溺水身亡的三年後，因大家感動震撼於阿大的精神，觀音閣及寺院神速被重建完成，觀音閣更莊嚴了，寺院規模更大了。在閣中，多了一尊聖像，是李阿大的雕像，其前香火鼎盛，瞻拜者絡繹不絕，禮拜過的人都說，非常靈驗。後來，李阿大成了該寺院供奉的著名護法神將。

33

敬畏生命

如果說，上帝死了，但上帝創造的人，還活著。

為此，人生要有敬畏。

儘管，敬畏的對象不同。

有人敬畏信仰，有人敬畏權勢，有人敬畏財富，有人甚至敬畏異性，而我，則敬畏生命。

我們全是短命的人，回憶者與被回憶者都一樣。哲人們這麼說。為此，我們對生命，無法因之而傲慢，也無法為之揮霍。

是的，生命很短。

但生命的價值與意義，無物可比倫。

佛教說：生命之長，呼吸間。但生命之大，天地間。人生難得，佛法難聞，名師難遇，中國難生。在這，人生能得就是莫大的殊勝。因為人生的殊勝，所以佛教的第一戒便是戒殺，禁戒虐待殺害生命。為什麼提倡慈悲、素食，反對墮胎，臨終關懷，其根本精神就在於要我們善待保護生命。

於佛教，生命的本質是決然不同於一般事物的。在這，生命是有情物，具佛性，會輪回，可提升，甚至成佛。因此，傷害生命即傷害聖賢。生命的高度，高至無以復加。

歐陽修有曰：「生而為英，死而為靈。」

在這，生命不僅得到現世的肯定，而且，死後亦得到尊崇。

為此，我敬畏生命。

我的敬畏，不僅他人，也包括自己。

曾經有人罵對手，說要如臭蟲一般捏死他。我聽了就很傷感，而且憤怒：生命如花，怎可說捏就捏？龍是命，蛇也是命，臭蟲又有何不同？

我是一個弱小的人。對我來說，一直以來，我的生命只是脈搏！出生時瘦小，據說，甚至不會啼哭；初長時，老是生病；好不容易熬到少年，可以讀書見人了，卻又膽小膽怯，動不動，時不時，心跳臉紅的。及至青壯年，又無所事事，一心止棲空門。而今，我又老了，灰髮頓生。只能與世無爭，豆瓣青菜，聊以活命。但我還是學會了喜歡自己、珍愛自己，還是貪生怕死，惜生避死，一幅好死不如賴活之相。為什麼？就因為，我想，生命來自父母，來自天地，凡聖有別，但本質一如，是天地之心，是宇宙之靈，我沒有理由輕視，我更沒有理由捨棄。

己所不欲，勿施於人。

我要生，我為什麼要別人死？

由是，我敬畏自己，也敬畏他人。

生命珍貴、崇高。

但不意謂生命沒有苦難，生命沒有劫厄。

魚生於水，草死於土，生命如我，生活於這個世界。佛教說，這是個火宅，欲火熊熊，這是個濁世，濁水橫流。生命的蓮花時刻遭遇著驟雨暴風。我這樣，我的同修們這樣，大家都一樣。因此，我特別喜歡一句話：「生命是一條艱險的峽谷，勇敢者才能通過。」是啊，梅花如果畏寒，就不會在冬天裡綻放！生命雖然會經常遭遇人生的寒流，但我不會因此萬念俱灰，或坦然漠視。

也許，因緣使然。

近年，我們面對著諸多漠視生命的事件，他們暴力於現實世界或虛擬空間，劃破生命的底線！這有枝葉的原因，更有根莖之源，這直接衝擊著人類對生命的共識，將扯斷生命的生存之弦。

二〇一三年四月，一對同學加舍友，一人門外敲門，另一人門內玩遊戲，遊戲者沉迷於遊戲，敲門者生氣於敲門，門開一旦，相見眼紅，其中一方拔刀相向，一死一生，陰陽從此兩隔。

同一年的七月，一位男人與一位女人，不為愛情，也不為金錢，更不為政治與權勢，就因停車小事，發生爭執，氣憤的男人就將女人兩歲的幼兒，高高舉起重重摔下，可憐一命，嗚呼哀哉。為此，肇事者自己也付出了沉重的生命代價。

古人說：生，我所欲也，義，亦我所欲也。二者不可兼得，捨生取義。

他們捨生了，但取義了嗎？

又有人說，生命誠可貴，愛情價更高。若為自由故，兩者皆可拋。

他們，二者皆可拋，但為了自由故了嗎？

是的，我們只有獻出生命，才能得到生命，或者說，得其志，雖死猶生，但我們豈能以此方式，無謂地犧牲，甚至，罪惡地付出。

盛年不重來，一日難再晨。

三萬六千日，夜夜當秉燭。

在此，湊合這本不相干的前後兩段句子，我只是想說明：「世上只有一種英雄主義，那就是了解生命與熱愛生命」——說這句話的，不是我，他是羅曼羅蘭。

關愛生命，維護生命，敬畏生命，感悟生命，我感恩她著！

那麼，漠視生命，甚至仇恨生命的，我們還要容忍多久！

34

天火焚貪

佛教有五毒之說，謂貪嗔痴慢疑。貪，排在其中首位。如何修行，其中之一法門便是：修行戒定慧，息滅貪嗔痴。

貪的對象，如色、聲、香、味、觸、法，對應眼、耳、鼻、舌、身、意。社會化後，便如名、位、財、色。

貪的根深蒂固根植於人性，儘管是後天所生成。貪的

對治，佛教有無常觀、無我觀、不淨觀等方法。

佛教認為，貪是修行與境界提升的第一障礙，所以要成佛作祖，必先去貪。

佛典中有許多因貪造孽的故事。

如：《彌蘭經》中的彌蘭事例：

採寶人彌蘭，海難原因，漂到一孤島，奇遇四美女，迎向一銀城，好生伺候，不讓出城。久之，彌蘭想，外面肯定有更好的地方。於是，他私出銀城，竟得八美女相迎，入一金城，應有盡有，享盡一切。但他不滿足，總覺城外會有更好去處。於是，他又偷偷出城。果然，又得十六美女相迎，入水晶城。如此這般，又入琉璃城。但這彌蘭，老毛病總是不斷復發。最後一次，可沒那麼幸運了，入的竟然是一座鐵城，來迎的也非美女，而是奇醜的母夜叉。接著，他便被厲鬼以鐵輪磨去腦殼，腦漿迸濺。彌蘭悔恨自己的貪婪，痛苦地問厲鬼：「我這罪，要受多久啊？」厲鬼回應說：「你貪享了多久福，就要苦受多久罪。」

而在儒家，亦是如此。

於儒之聖地——曲阜，孔府內宅壁上有巨幅畫作。畫中有一奇怪動物，惡名叫「貪」。這「貪」據說原乃天界神獸，嗜好吞金吃銀。儘管牠已是金銀纏繞。由於「貪」的貪得無厭，還想吞食日月，終被天火所焚，燒焦而死。

真是人心不足蛇吞象，貪若不除禍必生。貪腐的不知節制，不是不報，而是時候未到啊！

當年，曾國藩於禮部侍郎任上時，有人懷疑他貪污了國庫的銀兩，為表清白，他竟當著眾人的面，脫得赤身裸體，進入國庫清點現銀。因此，也查出了國庫的真正蛀蟲。有人為此戲稱曾國藩為「裸官」。而今，在貪腐的問題上，又有幾人敢於如此坦坦蕩蕩呢！

古代有些關於清白做官的詩句，即便今日讀之，依然令人心生感慨！如：清朝江蘇巡撫張伯行：「一絲一粒，我之名節；一釐一毫，民之脂膏。」又說：「寬一分，民受賜不止一分；取一文，我為人不值一文。」明朝監察御使于謙：「絹帕蘑菇與線香，本資民用反為殃；清風兩袖朝天去，免礙閭羅話短長。」還說：「千錘萬擊出深山，烈火焚燒若等閑；粉骨碎身渾不怕，要留清白在人間。」

35

成功的標準

也許從未成功過的原因，我對當今所謂的成功，從來比較淡泊。日前，一位朋友擬去參加一場屬那類的成功學講座，問我是否同行，我不僅直搖頭，甚至想建議他勿往。我總認為，這些所謂的成功概念與成功學的理論實為失敗與失敗學，是害人不淺的淺薄之說。

什麼是成功的標準？我們看看此世間，就以一個男人為例吧：讀書的要分數考得高，分數就是標準。就職的，要職位升得高，

處長、廳長、部長，職位就是標準。經商的，要錢財賺得多，百萬、千萬、億萬，錢財就是標準。婚姻上，對方要白富美、高大上，從事好職業，出自好家庭，有過好教育，這就是標準。但在這些標準中，我們都忘了或者說缺了一種關鍵、核心、本質的對人生至關重要的東西：即道業——品德、操守。這種所謂的成功實際上是失敗的終極。

我總認為，談成功與成功學，只關注事業或學業，卻忽略了道業，也就是說，忽視了品德與操守等精神性內涵，那是滑稽可笑、甚至是荒謬的。

其實，作為人生，一旦具備操守、品德等，即便其他的一無是處，也是成功的。因為道業是學業、事業的根基，也是立身的根本。我很欣賞幾種學說，如中國的老莊，強調無為，無為無不為，自然，順其自然，誰能說高、直、大的樹就有用、成功，而矮、曲、小的樹就無用、失敗！如果這樣，那麼，盆景呢？又如禪宗，強調隨緣、隨機、不執著、不刻意，認為，小能克大，退後是向前，勝敗一瞬間，迷悟一念間，以善惡作為成功與失敗的標準，而非其餘表相之物。

曾經看過一個數據，法國市場調查公司 IPSOS 公布的主題為「全球物質主義、理財和家庭態度」的調查，其結果：百分之七十一中國人以擁有多少現實財富作為衡量是否成功的標準；但在全球，僅百分之三十一的人同意這個觀點。如百分之九十三的瑞典民眾就對此輕視精神的見解嗤之以鼻。

為此，百分之六十八的中國人承認自己生活在追逐財富權力等所謂成功的壓力之下。而韓國的民眾面對的相同問題，只占百分之五十二。

據《二〇一三中國婚戀觀報告》，百分之五十二中國女孩認為，有房是結婚的必要條件。近日，有報導說，陝西省一對小戀人因女方堅持男方不買寶馬車就不嫁，男子無力於此，絕望之中，從六樓赤裸跳下而亡。寶馬猛於虎啊！

可見，以事業或學業的大小與高低作為是否成功的標準，是比較淺薄的見解。

有個寓言：山中小溪小水潭中有小魚，牠夢想大海，可是，一直沒有機緣到達那裡。一天，起驟風暴雨，小魚被山谷洪濤帶到了溪與海的交匯處，雖然從溪到海的過程中流沖石撞，牠皮綻肉開，但牠還是很興奮，畢竟到了夢想的地方。帶著受傷的軀體，小魚不顧傷痛，奮力游入了大海。沒游多久，來了一隻好大的鯊魚，小魚還沒弄清楚怎麼回事，就被吞進了鯊魚的肚子。臨死之前，小魚想，能回到小溪中的小潭就好了，可是水往低處流呀，牠回不去了，更何況，機會也沒有了。

許多時候，追逐所謂的成功，往往就是小魚夢海這種結局啊！

36

守三關與破三關

生命的跑道上沒有冠軍。

生死的課堂上沒有高材生。

在有限的人生旅程，如何才能生存得更鮮活、更富內涵、更具生命的價值與意義？

古典中國有許多著名的關，例如「嘉峪關」、「山海關」。關，給人感覺如鎖，既閉又開，時閉時開，就依因緣而定。為何要鎖、要關？因為有外在的危險與威脅，有內在的溝通與交流之需求。

人生路上也一樣。生命要有閉，要有開，也就是要有守要有破。

那麼，守什麼，破什麼？

有種觀點，儒教治世，佛教治心，道教治身。世即國家、社會，心即心靈、靈性，身即身體、生理。

其實，佛教是三者兼治，只是強調側重於心而已。

為此，我們要堅守的是：關於「世」、「心」、「身」的閘口，亦即佛教的身、心、靈之關。有如眼、耳、鼻、舌、身、意，對應著色、身、香、味、觸、法。從社會化角度講，便如法律、良知、信仰，就如戒律、道德、宗教。

人生的路段就如一幢又一幢驛站建築，而標誌性、關鍵性的點，便是門。生是前門，死是後門，中間有客廳門、臥室門、倉庫門，甚至廁所門。是否開門與關門，關係到新鮮空氣、自由出入，這也與上述提到的鎖等息息相關。

禪宗看重閉關修行法，如虛雲老和尚、弘一大師，都以閉關功深而著稱。閉關就是要關緊門、鎖好門、封好關、看好關、守好閘口，目的是把煩惱無明擋在外面，讓其無隙可入，無縫可進。以此保持身、心、靈的潔淨與純美。

以上說的是守。

那麼，破什麼呢？

禪宗有三關說，即初關、重關、生死牢關。破初關，就是破除我執；破重關，即破除法執；破生死牢關，即破除煩惱無明，契入清淨法身，解脫輪回鎖鏈。

禪門黃龍派有著名「三轉語」，即黃龍三關。之一：人人有個生緣，上座生緣在何處？之二：我手何似佛手？之三：我腳何似驢腳？黃龍慧南禪師三十多年，示此三問，度了不少學人。

其實，初關、重關、生死牢關與黃龍三關，破的是同樣問題。

而同樣，守三關與破三關，說的也只是同樣一件事，是這件事的一體兩面。守三關是修行戒定慧，破三關是息滅貪嗔痴。一旦三關持得或透得，人生及其生命的品質，自然會有其多數人難以企及的高度與境界。

三關守得，許你生。

三關破得，容你活。

千年鐵佛

37

大慈悲與大慈善

無緣大慈，同體大悲。

大慈天下樂，大悲天下苦。

這是我們開元志業文教慈善基金會的宗旨。我概括之為：大慈悲！這既是觀音菩薩的本願，更是釋迦佛陀的本懷。

何為無緣大慈？即無條件、非交換、全奉獻的大慈心。

何為同體大慈？即同命相憐、同甘共苦、感同身受的大悲心。

這大慈與大悲：大慈的是天下樂，樂如幸福、美滿；大悲的是天下苦，苦如災難、辛酸。

在儒家看來，大慈悲即大仁。

於基督教看來，大慈悲即大愛。

中西結合之，即大仁愛。也就是，大慈悲即大仁愛呀。

開元寺外山門

因為大慈悲，所以我們倡導的慈善是大慈善。

大慈善的具體化，即我們慈善的對象，不分種族、不分宗教、不分國家、不分愛恨、不分恩怨、不分男女、不分人與動物。皆一視同仁，平等對待。

久前，佛陀救度惡王歌利與割肉拯救餓鷹就是這大慈善精神的彰顯。

佛教中有布施度，為六度之一。施是福報，受也是福報。因此，大慈善是一種事業，更是一種道業。自利又利他，是諸大菩薩核心價值的象徵。

恩師明暘禪師曾教誨比丘本性：「不僅要在物質上與人結緣，更要在思想上、精神上與人結緣。不僅要做個有人文情懷的宗教慈善家，更要做個宗教的領袖、心靈的導師、靈性的引者。」如今，言猶在吾耳。

願諸同仁：不為自己求安樂，但願眾生得離苦。發心求正覺，忘己度群生。

《忍辱仙人本生經》中的歌利王惡行
（by Ven. Dr. Mapalagama Wipulasara Thera）

38

中國禪與中華禪

禪法是佛法的核心組成部分。

源於印度的禪法，隨著時空的演進，形成三大特色：漢傳禪法、南傳禪法、藏傳禪法。

中國禪，是從硬性地域概念上說，源自佛陀，是印度禪法在中國的傳承與發展，內容包含了中國的漢傳禪法、南傳禪觀與藏傳禪密。因為，在雲南等地便有南傳佛教，在西藏等地便有藏傳佛教。

在我們的辨教理念中有一句話：宗於中華禪。

中華禪，是從軟性文化概念上說，指流行於中華文化圈內的禪法。

中華文化圈，除兩岸三地之外，一般還指東亞、東南亞、南亞部分。如日本、韓國、朝鮮、菲律賓、新加坡、馬來西亞、印尼、越南，甚至包含各國的唐人街等。

因此，中華文化圈內的禪法，既有中國禪，又有中國禪在各國的傳承與發展，是以漢傳

印度正覺塔

禪法為主體，以南傳禪觀為基礎，以藏傳禪密為輔助，甚至綜合了域外中華文化圈其他禪修方式的佛教禪法體系。

這禪法體系，我謂之中華禪。

可見，中國禪與中華禪是兩個不盡相同的概念。雖然內容大有交集，顯然並不重合。

一九六〇至七〇年代，禪法西漸，此中，日本佛教界的弘傳功不可沒，尤其鈴木大拙等人。當時，歐美人士都認為他們修習的是日本禪，甚至以

日本語的發音命名之為「zen」。後來，隨著修習的深入，瞭解的加深，原來他們修習的禪法及其依據，皆源自中國古代禪師。於是，他們追根溯源，最後便趨於源頭，「宗於」中國祖師，如禪宗三祖僧璨及傳奇僧人寒山，而只是「師於」日本禪師，如鈴木大拙等。這以橫行當時的「披頭禪」與修習「披頭禪」的「披頭士」最為典型。

近年，禪法修習在歐美漸成為時尚與潮流，「披頭禪」的修習者們也都明白了「披頭禪」是源自「中國禪」，是「中國禪」在日韓或在歐美的傳承與發展，是我概念中的「中華禪」。

中國人，或者說中華民族，非常強調傳承與發展，傳承中，要飲水思源，發展中，更不能數典忘祖。對此，我想，人類都有共性，哪國人也不應該例外，這也是我動筆寫這篇小文章的動因。

39

讀書、旅行、信仰！

讀書，旅行，信仰。

走在人生的路上，千里書香。

腳步丈量世界。佛陀之血液在我的心中流淌。

自中學起，我就痴迷於旅行，我稱之為流浪。像印度電影《流浪者》裡的拉茲之歌：「到處流浪到處流浪，命運伴我奔向遠方，到處流浪到處流浪，我沒有約會也沒有人等我前往……」

流浪在我心中，是生命的誘惑與牽引，她野性、神祕、危險，甚至浪漫！

當年，有人為海倫打一場戰爭；有人為他的心愛聖女造出了絕世的宮殿，那被泰戈爾稱為「永恒時間面頰上的一顆淚珠」的泰姬陵；有人為了撒哈拉，去了，沒想著回返。而我為了流浪，擱下了可能的桂冠與花環，只想拉響汽笛，讓靈魂出發，對話自然、對話文明，讓

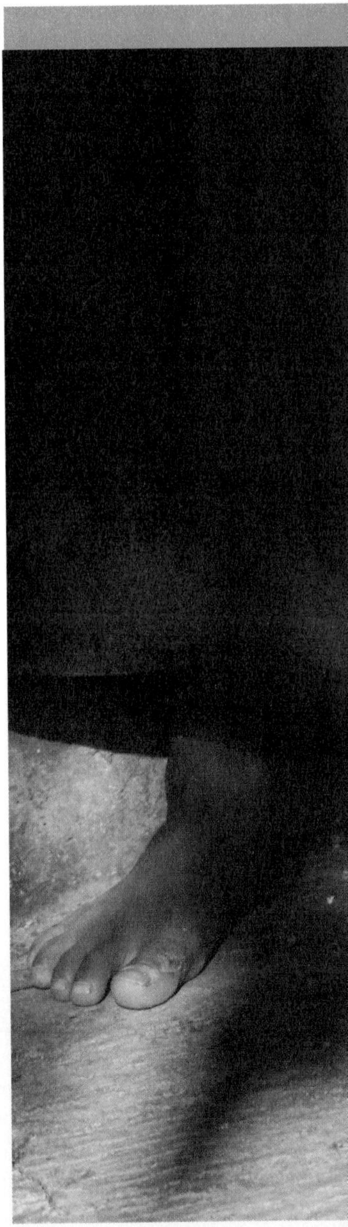

自己穿梭於自己，讓肉體與靈魂較量。

為此，學生時，我就流浪於佛陀之聖國，流浪於孟買，流浪於粉城、藍城、金城，然後，以簡易之相機拍出重重疊疊的黑白照片，要在其中窺視出自己的前世今生，洗出自己靈魂的過往。

我也流浪於那菩提葉型的國度，書香中想像著被信奉者的光芒，不求拯救，只求把他潔淨的靈魂收藏。在那裡，我甚至自我比擬為他的流放的王子、流亡的公主，但不淒慘，但不悲傷，反而活色生香地在閑庭信步，像街頭拉古琴的流浪藝人，像田園行吟的詩人，甚至像密室的算命師，演繹著傳奇的故事、綿長的情歌、奧祕的輪回密碼！在那裡，我還夢想著有一天梯，把生命的末路接上，當那一天到來時，微笑著不恐懼，自信地向親朋們揮手，到達那多數人難以企及的地方，享受著她的絕美風景。或者，想睡多久就多久，悠閑著靜謐，輕鬆地自由。

我也曾流浪於六朝的古都、天子的腳下。那時年紀已不輕了，但忘掉了身體的年齡，忘掉了心理的年齡，每天的三餐裡，品嘗著麵條、油餅、饅頭，毫無創意的食物。冬天來了，披掛著破舊棉襖，披戴著破舊棉帽，可是當時，我覺得那是極致的富貴。也因此，在以後的流浪中，我從不以苦行為苦行。因為我明白了——苦行才是人生與生命中極致的奢華，它使我的靈性無拘無束中覺醒。

想想，這一切都因為流浪，都因為流浪的旅程每天都在問我：「你要向已知或未知的世界，展現一個什麼樣的你？是身流浪？還是心流浪？」

流浪更讓我了知了，什麼是快樂，什麼是幸福。快樂不來自纏綿、癲狂。幸福也不來自夢幻、葡萄酒。幸福與快樂，在我眼裡，只來自佛陀，只來自書中，以及只來自那神奇的路上，來自那緩慢而快速的腳步。儘管路是那麼的坑坑窪窪，高低不平，甚至潛藏著陷阱與溝壑。我始終在想，佛陀給我們雙腳，作什麼？不就是為了讓我們去流浪嗎！以腳步丈量世界，以腳步書寫山川，把腳印烙在墓碑上，把腳印烙在心裡。

有人告訴我，流浪是一位人生的大作家，她潤色著我們生命的大書。流浪的路延伸了我們的生命。曾經，當我心情鬱悶時，我就給自己一個病假，去療傷。在那流浪的夜晚，望著星空，覺得自己是一個遺世獨立的聖者，鉛華洗盡了，塵心洗盡了。我的生命因此有了真實活著的明證，我的人生因此有了藝術活著的嚮往。

也就這樣，年年月月日日，我流浪，流浪到了今朝。

而今，我老了，我的身心不知是否還能支撐著我無休止地繼續去流浪。但流浪已使我的靈魂，永無休止地邁進腳步，繼續前行在路上。

在靈魂中，我有位患難中認識的親友，他知道流浪是我人生的宿命。每當遠行，他總是以他那時時楊枝淨水的雙手，捧出他早已備好的一捧至聖禮物。他說，當我於路上疲憊了時，打開看看吧！這會給我以新的力量，使我的腳步能夠行得更堅定、更久遠，直至看不見的遠方。

也因此，我終於，雖然累了，但又可以再出發！

在這，在此刻，我杯中的咖啡涼了，我要輕聲地問您一句：「我患難與共的親友，您是否還在慈光沐我？您是否安然無恙？」

修學人生 吃飯開始 / 禪和尚本性著. -- 初版. --
高雄市：上趣創意延展有限公司, 2021.03
面； 公分. -- (本性相見歡系列；3)
ISBN 978-986-91880-7-4 (平裝)

1.佛教修持

225.87 110001581

本性相見歡系列 | 03

修學人生 吃飯開始

作者 禪和尚 本性
總策畫 佛圖網（www.photobuddha.net）
藝術總監 宓雄
主編 上趣智業（www.summit.cc）
周燕
美術編輯 陳育仙
發行人 李宜君
出版 上趣創意延展有限公司
地址 （80457）高雄市鼓山區中華一路316-2號6樓
電話 （07）3492256
網址 www.summit.cc
郵撥帳號 42321918上趣創意延展有限公司
總經銷 紅螞蟻圖書有限公司
地址 （114）台北市內湖區舊宗路二段121巷19號
電話 （02）2795-3656
傳真 （02）2795-4100
印刷 成陽印刷股份有限公司
出版日期 2021年4月初版一刷
定價 200元
ISBN 978-986-91880-7-4